VISITER NOS CACHETTES

MARIE-LAURE DURAND

VISITER NOS CACHETTES

LES ÉDITIONS DU CERF

Ouvrage apporté par Philippe Verdin

www.editionsducerf.fr
24, rue des Tanneries
75013 Paris

ISBN 978-2-204-16111-4

À Laurent Delobel ; à Chantal Jehin.

Il fallait avoir le courage de livrer bataille, mais *sur-le-champ*.

STENDHAL, *Le Rouge et le noir.*

– Mais il me chassera avec ignominie.
– C'est son droit, il faut le respecter. Je vous donnerai le bras et nous sortirons par la porte cochère, en plein midi.

Ibid.

Visiter nos cachettes. La proposition peut surprendre ? Elle peut inquiéter. Une cachette n'est pas forcément l'endroit le plus réjouissant à visiter. On imagine qu'il y fait froid, qu'il y a de l'ombre, que l'attente sera longue, qu'il ne faudra pas faire de bruit. On peut craindre de s'y retrouver enfermé. Les cachettes rappellent parfois de mauvais souvenirs. Et pourtant. J'aimerais vous convaincre que visiter ses cachettes est une des choses les plus pertinentes à faire. J'ai dressé une liste des arguments les plus convaincants, je vous la soumets.

Raison n° 1
Un lieu de visite recherché

Il y a toujours une saison pour les visites, un moment plus approprié. Ce moment où l'on sort de chez soi pour explorer le monde, pour voir de plus près ce qu'il s'y passe, pour découvrir à quoi il ressemble. Aujourd'hui, des lieux très différents se visitent : des entreprises, des grottes, d'anciennes prisons, des volcans, des quartiers. Tout ce qui fait notre quotidien ou celui de nos contemporains peut être un lieu de visite, une occasion de mieux connaître notre environnement. Et en ce sens, visiter ses cachettes peut être une invitation touristique comme une autre. Alors que les cachettes font partie de notre vie et que tout le monde en a, très peu de monde les visite. C'est vrai qu'il est plus amusant de prendre connaissance des cachettes d'autrui. C'est ainsi que nous savons finalement peu de choses sur les recoins où nous nous réfugions pour nous faire oublier. Ces lieux nous restent mystérieux alors même qu'ils nous accueillent le plus souvent dans un état de vulnérabilité. Nos cachettes devraient donc être la destination touristique par excellence, le lieu idéal de notre exploration, celui qui coche toutes les cases de ce qui fait une visite qui a du charme : un lieu secret et inconnu, pourtant recherché par les autres quand ils sont curieux, un coin préservé et sans droit d'entrée, pour lequel nous pouvons avoir l'exclusivité de la visite. Que demander de mieux en termes de visite ?

Raison n° 2
C'est l'inverse d'une injonction morale

Une cachette est un endroit personnel, très personnel. Nous seuls en connaissons la porte, le lieu, l'intérêt, les modalités d'accès. Ce caractère secret énerve tous ceux qui réclament une transparence absolue, un dévoilement complet et un affichage au grand jour de ce qui fait l'épaisseur de notre intériorité. Les cachettes sont gênantes pour les personnes en quête de toute puissance car elles se révèlent être des zones auxquelles elles n'ont pas accès. L'injonction morale de transparence est alors utilisée pour demander à quelqu'un de tout dire de ce qui lui appartient.

Ce secret est précieux. Tous les jours les cachettes sauvent des vies. Quand le milieu dans lequel on évolue n'est pas sûr, quand les personnes que l'on côtoie sont dangereuses, les cachettes sont nécessaires et salvatrices. En ce sens, l'injonction à sortir de nos cachettes résonne comme une menace, devient une pression psychologique de plus, pour que la personne abandonne ce qui peut encore la mettre à l'abri de l'emprise de l'autre. Visiter ses cachettes, c'est l'inverse. Le mouvement ne consiste pas à sortir mais à rentrer. C'est un geste consenti, un acte libre. Une fois la visite terminée, il n'y a pas de nécessité de dire quoi que ce soit sur cette réserve intime ni d'en dévoiler les coordonnées GPS à personne.

Raison n° 3
Il y a cachette et cachette… et cachette

Il y a différents types de cachettes. Il y a celles où nous sommes obligés de nous réfugier pour sauver notre peau. Ces cachettes ne parlent pas de nous mais du monde dans lequel nous survivons. Elles racontent une autre histoire que la nôtre, elles racontent la difficulté des autres à vivre en paix avec ce que nous sommes. Elles sont précieuses et sauvent des vies. D'une certaine manière, ces cachettes ne nous appartiennent pas. Elles ne disent rien d'essentiel nous concernant. Elles appartiennent aux autres, aux institutions, aux structures, à la société.

Il y a un deuxième type de cachette, celles générées pas des abus, par de la maltraitance. Ces cachettes non plus ne nous appartiennent pas. Elles appartiennent à l'abuseur qui y cache ses crimes. Dire à quelqu'un « c'est notre secret » pour que ne soit pas révélée au grand jour la réalité, c'est enfermer la victime quand le fautif se promène, lui, au grand jour. C'est faire croire à l'abusé qu'il doit se cacher alors que c'est l'abuseur qui se planque. La cachette devient tribunal, prison, asile. Ces cachettes ne sont pas à visiter. Il faut en sortir. Vite, en plein midi, la tête haute.

Et puis il y a des cachettes qui sont créées par nos peurs, notre souci de ne pas décevoir, notre envie de plaire ou notre besoin d'être aimé. Ce sont ces cachettes qui nous empêchent de vivre et nous condamnent à la honte, la peur, le manque de liberté. Ce sont elles qui sont à visiter. Envisager de visiter ses cachettes, c'est se demander à quelle catégorie nos cachettes appartiennent, c'est poser la question de leur utilité.

Raison n° 4
On en profite !

C'est l'occasion de profiter d'un lieu que nous ne connaissons que dans des états d'inconfort, de stress, de panique tels que l'on ne profite pas vraiment des commodités. La crainte d'être démasqués est trop forte ou quand la cachette est vieille, le repli est si habituel, si inconscient, si automatique, qu'il nous est impossible de décrire le lieu de notre refuge. Faire un tour dans ses cachettes, c'est l'occasion de poser un regard serein et conscient sur ces lieux où nous allons pour nous soustraire au regard des autres. Comme lors d'un passage au musée, c'est une invitation à prendre son temps, admirer les contours, prendre connaissance des détails. Pour la première fois peut-être, avoir l'espace et la disponibilité intérieure pour se promener en toute conscience dans un endroit que nous connaissons trop bien, si mal. Se balader détendu et les yeux grands ouverts dans une place forte de notre inconfort. Délaisser la honte ou la peur, pour découvrir tranquillement ces lieux souvent problématiques de nos vies et gagner en clarté. Que demander de mieux pour se sentir libre et léger ? Quoi de plus reposant comme visite touristique que d'éclairer les endroits les plus sombres de notre existence ?

Raison n° 5
C'est un bon moyen d'affaiblir le pouvoir qu'elles ont sur nous

J'aime beaucoup la raison n° 5. Un psy bien connu conseille de désobéir à ses peurs. Les peurs ont sur nous une force mystérieuse qui nous contraint à leur soumettre notre existence, à le faire sans discuter, sans négocier ou si peu, à abdiquer le courage que nous comptions avoir. En une fraction de seconde, nous abandonnons là où nous nous étions promis de résister, de rester ferme, de ne plus céder à la panique. Trop souvent, avant même d'avoir pu prononcer une parole ou esquisser un geste, nous nous surprenons à reproduire les mêmes schémas et les mêmes fuites. En quelques secondes, nous nous sommes fait devancer par la personne en nous qui ne veut pas d'ennui, pas de changement, pas de vague. Nous ressemblons à une souris en charge de récupérer un bout de fromage au centre d'un labyrinthe. Au début, le chemin est long. La deuxième tentative est plus rapide. Après quelques essais, la souris est à côté du fromage en une fraction de seconde. Nos peurs nous dressent de la même manière. Une parole, un geste, une image, une idée suffisent à nous faire rentrer dans la cachette. Visiter nos cachettes, c'est faire un arrêt sur image pour admirer le chemin de notre conditionnement alors que rien ne menace. Pas de chiens méchants, pas de questions dérangeantes, pas de regard interrogateur, pas de public. Un proverbe bouddhiste raconte que notre esprit fonctionne comme un chien à qui nous lançons un bâton. Inlassablement, le chien ramène le bâton, il ne peut s'en empêcher, il n'a pas le choix. Lancer un bâton à un lion et il se retourne pour voir qui a lancé le bâton. Les lions font face à la réalité et l'observent. Visiter nos cachettes, c'est se promener comme un lion et observer ce qui nous regarde et nous fait peur.

Raison n° 6
La sensation d'aller jusqu'au terminus et voir ce qui se passe

Assise dans le métro ou le bus, je rêve devant le parcours affiché au-dessus de la porte. Le terminus, c'est ce qui permet de ne pas se tromper de sens, d'aller dans la bonne direction. Souvent, un terminus n'a que cette fonction. C'est un mot au bout d'une ligne qui ne devient jamais réalité. Voyage après voyage, le terminus devient une destination inaccessible et rêvée, aussi lointaine que Tokyo ou Bénarès. Un lieu dont on entend parler mais où l'on n'ira jamais. Un jour, pour une raison ou une autre, on a un rendez-vous à la dernière station de la ligne. Alors le voyage devient une aventure. On descend avec tout le monde, on regarde, on découvre, on prend connaissance. L'expérience pourrait s'appeler « aller au terminus et voir ce qui se passe après ». C'est une expérience qui génère une forme de fierté, une légère sensation de maîtrise due au fait de savoir ce qu'il y a au terminus de la ligne. Désormais, on sait ce qui se cache derrière un mot et ce savoir rassure.

Il suffit d'avoir un jour expérimenté sereinement une situation que l'on craignait, pour comprendre que rien ne nous obligeait à la vivre avec crainte. D'une certaine manière, une cachette est une forme de terminus, une impasse, un endroit qu'il n'y a pas moyen de dépasser. Vouloir se promener jusque là-bas en toute conscience, c'est se donner une chance de mettre une réalité derrière des mots et, par la suite, de regarder différemment ce que nous considérions comme les impasses de nos existences.

Raison n° 7
« Là où croît le péril, croît aussi ce qui sauve. »

Cette phrase du poète Hölderlin m'évoque une situation où nous sommes sans maîtrise, où le contrôle échappe, où la seule issue consiste à faire confiance à la présence, à la compétence ou à la bonté d'autres personnes pour être sauvé d'une situation inquiétante. Cette confiance demande du lâcher-prise, ce mot qu'il suffit souvent d'entendre pour se crisper. Pourquoi ? Parce que lâcher prise est contre-intuitif. Parce que survivre, c'est d'abord tenir bon, malgré tout. Comment ne pas vouloir tout mettre en œuvre pour éviter le pire ? « Là où croît le péril croît aussi ce qui sauve » murmure qu'une situation de vulnérabilité peut devenir un lieu de salut, un lieu où s'expérimente une force qui ne vient clairement pas de soi, ni tout à fait des autres. L'évènement est rencontré, vécu, traversé grâce à des forces et des énergies dont nous ne sommes pas les auteurs.

Visiter ses cachettes, c'est expérimenter que, dans ce qui nous terrifie, un salut est possible. Que dans ce qui nous annule et nous rétrécit, la vie peut surgir. En théologie, cette traversée s'appelle une expérience pascale. Choisir de visiter ses cachettes, c'est s'offrir un espace pour repérer cette possibilité, ce mouvement, le reconnaître, l'identifier, dans sa propre vie. C'est se donner la possibilité de percevoir autrement la réalité.

Raison n° 8
On va apprendre des choses

Suivre la piste de ses cachettes, c'est se lancer dans une quête pour apprendre des choses. Nos cachettes constituent une part importante de notre existence, la part la plus secrète et souvent la plus personnelle. L'histoire d'une vie est parsemée de ces recoins où on se réfugie en temps et en heure. Partir à la rencontre de ses cachettes, c'est visiter son histoire à contresens. Ce n'est plus la maison-témoin que l'on présente à chaque nouvelle rencontre, maison où tout fonctionne correctement, où rien n'est abîmé, usé, sale, cassé, mal rangé, déglingué. On peut finir par croire à la maison-témoin que l'on présente aux autres. On s'imagine être ce que les autres voient de nous, ce que nous leur montrons de nous-mêmes. C'est alors que non seulement on raconte des histoires aux autres, mais on finit par se les raconter à soi-même. Nous valons mieux que nos bobards. C'est le moment de mieux se connaître, c'est l'occasion de constater que nous ne sommes pas l'affreux personnage que nous avons craint d'être.

Raison n° 9
Parce que c'est le moment d'avoir une conversation courageuse avec soi

C'est le moment d'avoir une conversation. Dans la Bible, les révélations sont toujours des moments de conversation. Tout le monde parle avec tout le monde. La parole est échangée, partagée et c'est parce qu'on en discute que survient la surprise, la révélation d'un nouveau chemin, la manifestation d'un invisible. Les discussions ont lieu avec soi-même, avec les autres, avec les anges, avec Dieu. On discute dans son sommeil ou pendant les apparitions. Converser, c'est être soi, vers et avec l'autre. On converse, on converge même quand on n'est pas d'accord. Une conversation avec soi-même est le bon moment pour faire de la place à chacun, écouter le point de vue des autres et faire de la place à toutes les versions de nous-mêmes. La conversation est un moment où on prend la parole pour mettre des mots sur sa vie. La raison n'est pas écrasée. On met en forme ce qui semble juste, raisonnable, du moins de notre point de vue. On écoute la parole de l'autre ou nos propres objections, ce que nous murmure notre conscience.

VISITER NOS CACHETTES

Visiter ses cachettes est le bon moment pour avoir une conversation courageuse. Car le courage consiste à être là tout entier ou du moins à essayer de l'être. La lâcheté, c'est d'être là à moitié, voire pas du tout. Cette visite permet une conversation en ne laissant rien de côté de ce que nous sommes. Tout en nous a droit à la conversation, y compris ce qui nous dérange. Si la conversation nous concerne, alors elle nous concerne en entier. C'est le moment d'être inclusif, de renouer avec nous-mêmes, avec notre diversité, nos parts d'ombre et nos éclats de lumière.

Raison n° 10
Enfin une visite où vous vous en savez plus que le guide !

Nous sommes les meilleurs spécialistes de nous-mêmes. Personne d'autre que nous n'a vécu sept jours sur sept, 24 heures sur 24 avec nous-mêmes. Nous nous connaissons tellement bien ! Tel un trappeur d'Alaska ou un Indien des grandes plaines, nous pouvons suivre la trace de nos cachettes. Nous anticipons déjà tout ce que nous pouvons répondre, nous avons si bien l'habitude d'éviter tous les dangers possibles. Dans cette visite, il ne peut rien nous arriver de grave. Avancer courageusement pour regarder les yeux ouverts ce que nous sommes, pour en rire, pour comprendre que les détours étaient faits pour sauver sa peau. Accepter les chemins empruntés, c'est ce qui peut nous arriver de mieux. La visite commence maintenant, dans cette intention ferme de passer un bon moment avec soi-même et d'en sortir moins ignorant, moins dur avec ce qu'ont été nos choix.

Et au fait… c'est quoi une cachette ?

On devrait pourtant le savoir, car c'est un de nos premiers jeux. Les parents font semblant de se cacher, ils réapparaissent, les enfants rient beaucoup. Ensuite c'est au tour des enfants d'expérimenter ce superpouvoir. Se cacher, c'est se dérober à la vue de l'autre. Pendant quelques secondes, on se soustrait à son regard, on disparaît. On est là, mais cela ne se voit pas. Les psychologues expliquent que cette pratique permet d'expérimenter que l'autre ne nous contrôle pas. Puisqu'il est obligé de nous chercher, c'est qu'il ne sait pas tout de nous. Nous ne dépendons pas de son regard pour exister. C'est ce qui nous plaît dans ce jeu : prendre conscience que nous avons la capacité d'être là, mais autrement, que nous ne sommes pas si dépendants du regard de l'autre sur nous. Si l'autre ne nous trouve pas, on sort tout fier d'avoir réussi à se cacher de sa vue. Inversement, quand on cherche l'autre, on s'aperçoit que la réalité est plus complexe que ce que l'on croyait. Le monde est plein de recoins, il est moins lisse que prévu. L'autre peut être partout et nulle part. Dans tous les cas, découvrir ou être découvert, c'est expérimenter une forme de surprise, de fébrilité et de stress. Comme si on ne s'attendait jamais vraiment à trouver ou à être trouvé.

Mais il y a une autre dimension au fait de se cacher. La cachette isole, c'est même le but premier. Cet isolement passe principalement par une coupure du regard. Étant caché, il est dangereux de chercher à voir celui qui cherche. Le regarder, c'est prendre le risque d'être vu. Dans une cachette, on se protège de la vue de l'autre mais, en même temps, on se coupe d'un accès à lui. La cachette est un cache à double entrée, un lieu qui fonctionne dans les deux sens. On se cache de l'autre mais l'autre est caché de nous. L'expression « faire l'autruche » raconte cette réalité, le fait que face au danger, l'autruche se cacherait en enterrant sa tête pour ne pas le voir. Ne le voyant plus, elle se pense en sécurité. L'expression « faire l'autruche » raconte combien le regard est essentiel dans la cachette. Ne pas voir l'autre, c'est imaginer qu'il ne nous voit pas ; ne pas voir l'autre, c'est se croire bien caché.

Cette histoire d'autruche m'a intriguée. Après quelques recherches, j'ai découvert que c'est Pline l'ancien (Ier siècle) qui, dans son *Histoire naturelle*, aurait le premier fait courir la rumeur. Car rien n'est vrai dans ces propos. Quand les autruches se sentent menacées, elles fuient en courant ou donnent des coups de pied. S'il leur arrive de mettre la tête dans le sable, c'est pour chercher de la nourriture, défendre leurs œufs ou se protéger du vent. Les autruches ne font pas l'autruche. Seuls des humains peuvent inventer et croire à un tel comportement. Seuls des humains ont pu imaginer que le fait de ne pas voir la réalité suffisait à être invisible et protégé. Que le seul fait de ne pas laisser le dentiste constater notre abcès suffisait à le faire disparaître. Avoir projeté un tel comportement sur les autruches raconte l'importance que nous accordons au regard de l'autre sur nous et sur notre réalité. Nous savons que nous existons en grande partie dans ce regard. Ce petit détour par nos jeux enfantins et nos projections sur les autruches confirme que toute cachette comporte deux dimensions : l'une qui consiste à ne pas être vu, l'autre qui consiste à ne pas voir ce dont on se cache.

Quand on est plus grand, on apprend à se cacher pour se protéger. C'est un comportement archaïque qui vient de loin. C'est encore la stratégie de beaucoup d'animaux dans la nature qui se protègent pour sauver leur vie. Si on ne peut pas courir vite, il faut apprendre à ne pas être vu. La cachette est une protection, un retrait du monde, un abri pour laisser passer le danger. Si on se cache, c'est qu'on pressent qu'il y a un danger. En tant que personne, le danger n'est pas seulement physique. Ce qui peut être menacé, c'est notre dignité, notre intégrité, ce qui en nous est fragile, notre équilibre psychologique, le monde que l'on s'est construit, nos représentations sur la vie, l'image que l'on a de soi. On se cache pour sauver sa peau ou l'estime que l'on se porte.

En cela, la cachette est souvent associée à une sensation de peur et de surprise. La peur surgit au moment où l'on risque de perdre une partie de soi, de sa vie ou de son image sociale. Peur de ne pas être tout à fait entier après la rencontre avec ce que l'on craint. Quand le danger est associé à de la surprise, notre capacité à prendre du recul pour essayer de comprendre ce qui se passe est balayée. Aucune assise n'existe plus, tous aux abris ! La cachette est donc associée à la perte. On se cache pour ne pas perdre ce à quoi on tient et que l'on juge structurel de soi-même. Quelque chose qui, si on le perdait, rendrait l'avenir inenvisageable ; notre existence n'y survivrait pas. La cachette sert à protéger ce que l'on ne peut perdre sans remettre en question l'existence telle qu'on la conçoit. On se cache pour ne pas s'effondrer si notre secret venait à se savoir. Plus ce qu'il ne faut pas perdre semble vital, plus on se cache. La cachette est un coffre-fort, un décor, un paravent. Elle sert à maintenir notre monde inchangé. Elle évite d'imaginer, d'inventer d'autres possibles, d'imaginer d'autres formes de vie, de se projeter dans des réponses inédites pour vivre ce qui nous arrive. La cachette est l'autre du rêve.

La visite commence ici. La cachette est un coffre-fort mais c'est aussi un écrin. Dans chacune d'elles, il y a, enfouie, une perle précieuse. La visite consiste à descendre en soi pour les récupérer. Nous partons chercher cette part de nous qui nous manque. Nous voulons laisser la lumière du jour faire briller notre trésor secret.

Choisir Genèse 3

Un récit de cachette

Dès le troisième chapitre de la Bible, il est question de cachette. Aux premiers problèmes rencontrés, Adam disparaît. Il se cache d'Ève, il se cache de Dieu. Pour lui, se dissimuler devient un mode de survie, une réponse facile, un moyen de continuer à exister.

Bien que biblique, Genèse 3 n'est pas un texte religieux. Il est en deçà, il est plus profond. La dramatique qui s'y joue concerne et peut rejoindre chacun. Il y est question d'un espace limité, de deux personnes, Adam et Ève, qui font l'expérience de l'existence. Le texte se déroule sur un arrière-fond d'abondance préparée par Dieu. Tout y est à disposition, accessible en illimité. Il n'y a qu'à se servir pour vivre et en profiter. Au milieu cette profusion, il y a juste une limite, un interdit. Ne pas manger d'un arbre, d'un seul, l'arbre de la connaissance du bien et du mal. Dieu interdit de s'approprier les fruits de cet arbre, de les ingurgiter, de les faire sien. Une limite est posée dans cette forêt de dons et de promesses, un arbre n'est pas accessible et il faut faire avec. C'est autour de cet interdit que l'histoire se déroule. C'est lui qui va focaliser les désirs et les problèmes. Cette limite posée là devient vite leur limite, leur frustration. C'est autour de cet interdit que leur vie prend du sens, qu'ils se découvrent, font des choix et en assument (ou pas) les conséquences. L'arbre de la connaissance du bien et du mal joue, dans ce récit, le rôle de la règle dans le jeu, de la ligne de touche sur le terrain. Il oblige à se positionner. C'est dans la confrontation à ce non-accessible qu'Adam et Ève comprennent qu'ils sont humains. Voilà en quelques mots le décor et l'intrigue.

La lecture classique de ce texte souligne qu'Adam et Ève font l'expérience de la faute, que la ligne qu'ils franchissent en mangeant de l'arbre de la limite leur fait expérimenter la désobéissance, le refus de Dieu, la fin de l'abondance, la chute. Cette lecture du texte n'est pas fausse, elle n'aurait pas eu le succès qu'on lui connaît si elle ne collait pas au texte. Je voudrais pourtant travailler ce passage biblique à partir d'une hypothèse différente. Il me semble qu'Adam et Ève ne font pas d'abord l'expérience de la faute mais de la liberté. En leur permettant techniquement de manger de l'arbre de la limite, en leur signalant l'interdit, Dieu donne le choix. Il rend possible une autre forme d'existence.

En les mettant devant l'arbre, il met la liberté sous les yeux. Les paroles de Dieu ressemblent à l'annonce que fait le contrôleur au moment où le train s'arrête en rase campagne : « Notre train est arrêté en pleine voie, merci de ne pas ouvrir les portes. » Cette mise en garde souligne autant le fait qu'il ne faut pas le faire, que le fait que la porte n'est pas fermée. N'importe qui peut décider d'ouvrir la porte et de sortir. L'interdit n'a de sens que sur un fond de liberté. On n'interdit toujours que ce qui est réalisable.

Adam et Ève ont bien entendu. Il ne fallait pas… ils pouvaient. En mangeant le fruit de cet arbre, ils bifurquent. Dieu leur donne la possibilité de faire autre chose que ce qui était souhaitable et prévu, eux décident de voir ce qu'ils sont capables d'inventer. Et nous, nous les suivons à la trace dans leur tentative d'exister, d'exister par eux-mêmes et devant Dieu. Leur volonté de vivre et de créer, leur choix branquignolesque, leur cavale, tout nous concerne dans ce récit. Tout concerne notre façon de tenir ensemble l'abondance et la liberté données par Dieu. Comme on peut, tant bien que mal. C'est donc un livre ouvert sur notre propre jardin d'Eden, notre propre façon de vivre l'abondance en essayant d'être libre. Le texte met en scène une conversation originelle qui se rejoue en chaque être humain.

« Ainsi se cache chaque homme, car chaque homme est Adam et dans la situation d'Adam[1]. »

Très vite, cette volonté de vivre se transforme en cachette. Si elle n'est pas très bonne, elle donne à voir ce réflexe, cette propension qui nous pousse à fuir et à taire. Concentrons-nous sur un court passage. Après la discussion avec le serpent, après le choix de la liberté, il y a ce moment où Adam et Ève rentrent dans l'atmosphère, dans une existence qui pèse, où les paroles ont du poids et les actes ont des conséquences sur soi, sur les autres, sur la relation. Où, après cette audacieuse opération, la petite équipée se cache dans les arbres.

Bien que le texte présente la relation entre un homme et une femme, les deux se suivent dans les cachettes. Le récit ne montre pas de différences fondamentales qui mériteraient un traitement à part pour l'homme et pour la femme. Adam et Ève se cachent leur différence l'un à l'autre, ils se cachent ensemble pour échapper au regard de Dieu. Ils se ressemblent dans leur incapacité à inventer un autre type de réponse à l'inconfort. Adam sera alors souvent l'unique nom servant à désigner la personne humaine occupée à sa liberté.

---

1. Martin Buber, *Le Chemin de l'homme*, Éd. du Rocher, 1989, p. 13.

Genèse 2, 25 ; 3, 1-13 (TOB)

25 Tous deux étaient nus, l'homme et sa femme,
sans se faire mutuellement honte.
1 Or le serpent était la plus astucieuse de toutes les
bêtes des champs que le SEIGNEUR Dieu avait faites.
Il dit à la femme : « Vraiment ! Dieu vous a dit : "Vous
ne mangerez pas de tout arbre du jardin"... » 2 La
femme répondit au serpent : « Nous pouvons manger
du fruit des arbres du jardin, 3 mais du fruit de l'arbre
qui est au milieu du jardin, Dieu a dit : "Vous n'en
mangerez pas et vous n'y toucherez pas afin de ne pas
mourir." » 4 Le serpent dit à la femme : « Non, vous ne
mourrez pas, 5 mais Dieu sait que le jour où vous en
mangerez, vos yeux s'ouvriront et vous serez comme
des dieux possédant la connaissance de ce qui est bon
ou mauvais. » 6 La femme vit que l'arbre était bon à
manger, séduisant à regarder, précieux pour agir avec
clairvoyance. Elle en prit un fruit dont elle mangea,
elle en donna aussi à son mari, qui était avec elle, et il
en mangea. 7 Leurs yeux à tous deux s'ouvrirent et ils
surent qu'ils étaient nus. Ayant cousu des feuilles de
figuier, ils s'en firent des pagnes.
8 Or ils entendirent la voix du SEIGNEUR Dieu qui se
promenait dans le jardin au souffle du jour. L'homme
et la femme se cachèrent devant le SEIGNEUR Dieu au
milieu des arbres du jardin. 9 Le SEIGNEUR Dieu
appela l'homme et lui dit : « Où es-tu ? » 10 Il répon-
dit : « J'ai entendu ta voix dans le jardin, j'ai pris peur

car j'étais nu, et je me suis caché. » [11] Il reprit : « Qui t'a révélé, dit-il, que tu étais nu ? Est-ce que tu as mangé de l'arbre dont je t'avais prescrit de ne pas manger ? » [12] L'homme répondit : « La femme que tu as mise auprès de moi, c'est elle qui m'a donné du fruit de l'arbre, et j'en ai mangé. » [13] Le SEIGNEUR Dieu dit à la femme : « Qu'as-tu fait là ? » La femme répondit : « Le serpent m'a trompée et j'ai mangé. »

« J'ai pris peur car j'étais nu »

Adam se cache nu et habillé

Notre visite commence en retrouvant Adam caché dans les bois. Dieu avait laissé Adam et Ève dans un jardin paisible, accueillant et riche. Mais, en Gn 3, 9, alors qu'Il se promène dans le jardin d'Eden, Dieu cherche Adam, l'appelle et finalement le trouve dissimulé dans les arbres avec Ève. Quand Il lui demande ce qu'il fait, Adam répond simplement : « J'ai entendu ta voix dans le jardin, j'ai pris peur car j'étais nu, et je me suis caché » (Gn 3, 10).

La réponse est *cash*, sans double fond. Dieu pose une question et Adam lui répond en lui donnant la raison de son attitude : il ne voulait pas se montrer à Lui parce qu'il était nu. Si la réponse est sincère, elle n'en reste pas moins difficile à comprendre. Une lecture rapide laisserait penser qu'Adam ne veut pas que Dieu le voit tout nu, dans son plus simple appareil. Cette crainte étonne car Dieu a créé Adam, Il l'a modelé à partir de la terre. Rien de ce qui fait son anatomie ne Lui est étranger. Pourquoi Adam serait-il brusquement devenu prude sous le regard de Dieu ? Sa gêne est d'autant plus étonnante que, en toute logique, Adam se cache habillé puisque, juste avant, au verset 7, Adam et Ève se confectionnent des vêtements : « Ayant cousu des feuilles de figuier, ils s'en firent des pagnes. » Adam raconte à Dieu qu'il ne veut pas qu'Il le voit nu alors qu'il est habillé. Quelque chose cloche.

L'hypothèse de la nudité physique n'est pas la bonne. C'est autre chose qui embarrasse Adam et lui fait craindre de rencontrer Dieu. Cette nudité qu'invoque Adam pour échapper au regard de Dieu n'est pas une nouveauté. Dans le récit de création, elle a déjà été mentionnée à deux reprises. La première, c'est à l'occasion d'une remarque gratuite, voire anodine, du narrateur, juste après la création d'Ève par Dieu, juste après les quelques mots d'Adam pour dire qu'il était content de sa présence. « [25]Tous deux étaient nus, l'homme et sa femme, sans se faire mutuellement honte. » C'est dit comme ça, l'air de rien, au passage. Comme un constat qui témoigne qu'ils sont bienheureux et sans gêne tout en soulignant que c'est tout de même curieux. Ils n'ont pas honte et pour le rédacteur, on sent bien que c'est étrange. Cette phrase lancée là, n'a pas de suite. On change de sujet, on poursuit la narration.

La deuxième mention a lieu juste après qu'Adam et Ève ont mangé le fruit de l'arbre interdit : « Leurs yeux à tous deux s'ouvrirent et ils surent qu'ils étaient nus. Ayant cousu des feuilles de figuier, ils s'en firent des pagnes. » Ce qui était une étrangeté quelques lignes en amont devient ici un problème à résoudre. Adam et Ève sont (enfin !) embarrassés d'être nus l'un et l'autre, l'un devant l'autre. Cette conscience neuve de la nudité est liée au fait d'avoir mangé le fruit. Ils ne le savaient pas, maintenant ils le savent. Dès lors, leur nudité est un problème, une honte qui se traduit par l'embarras devant Dieu et la recherche d'un lieu où ne pas être vus.

Ces deux mentions montrent que la nudité sera liée à la recherche de cachette. Mais si la nudité physique n'est pas la piste à suivre, il faut comprendre ce que dit Adam, il faut entendre ses paroles. Si cette nudité n'est pas physique, que raconte-t-elle ? Que dit-elle du mal-être, de l'inconfort, de la gêne qui empêche Adam et Ève de faire face aux regards, qu'il s'agisse du leur ou de celui de Dieu ?

J'ai pris peur car j'étais nu

Adam et Ève ont mangé le fruit de l'arbre défendu. Ils l'ont fait sur les conseils du serpent qui le leur a bien vendu :

> 4 Le serpent dit à la femme : « Non, vous ne mourrez pas, 5 mais Dieu sait que le jour où vous en mangerez, vos yeux s'ouvriront et vous serez comme des dieux possédant la connaissance de ce qui est bon ou mauvais. »

Les paroles du serpent ouvrent une perspective alléchante, un avenir, un progrès, du neuf. Un propos qui n'est pas si éloigné de celui prononcé par Dieu lui-même au chapitre précédent, Lui qui avait été le premier à avancer cette proximité entre l'humain et le divin.

> 26 Dieu dit : « Faisons l'homme à notre image, selon notre ressemblance, et qu'il soumette les poissons de la mer, les oiseaux du ciel, les bestiaux, toute la terre et toutes les petites bêtes qui remuent sur la terre ! » 27 Dieu créa l'homme à son image, à l'image de Dieu Il le créa ; mâle et femelle, Il les créa.

Les paroles du serpent font écho. Adam et Ève voient peut-être dans ce fruit l'occasion de réaliser cette ressemblance à Dieu à laquelle ils sont tous deux promis. Manger le fruit est la possibilité d'un raccourci, une aventure qui vaut la peine d'être tentée. Ils mangent ensemble ce fruit prometteur. Mais le résultat n'est pas celui escompté. Ils pensaient ressembler à Dieu, ils se retrouvent honteux de ce qu'ils sont. Ils se voulaient comme des dieux, au-dessus de la mêlée, parfaits, maîtrisant tout, ayant la connaissance supérieure. Après avoir mangé le fruit, c'est la désillusion, la douche froide, ils ouvrent les yeux sur la connaissance de leurs incomplétudes.

Ils étaient innocents, ils sont nus. Nus de chez nu.

Se sentir nu

En employant ce terme, le texte est pudique, sobre. Mais « se sentir nu », c'est d'abord être à poil, sans défense, sans repli, exposé, livré, fragile, vulnérable, dévoilé, déshabillé, sans pouvoir, impuissant, connu. Voilà la réalité que leurs yeux découvrent. Leurs yeux se décillent, ils s'ouvrent. C'est le verbe employé. Une réalité s'ouvre et se fissure. C'était compact, cela ne l'est plus. Ils ont désormais une faille et deviennent faillibles. Ils se voyaient comme des dieux, ils se voient eux-mêmes sans fard, tels qu'ils sont. Se savoir nu, c'est être incapable de protéger ses faiblesses ou plutôt, de se protéger de ses faiblesses, de les assumer, de les faire siennes. Soudain, ils se retrouvent à découvert, incapables de faire un avec leurs fragilités. Puisqu'eux-mêmes ne veulent pas les voir, comment oser les montrer à l'autre ?

Il y a mille raisons de se sentir nu. Des raisons subjectives, des raisons objectives, de vraies raisons, de fausses raisons, de bonnes raisons, de mauvaises raisons. Il y a des raisons que l'on connaît, des raisons que l'on découvre. Il y a celles que l'on peut partager, celles que nous gardons secrètes. Celles que l'on a construites et celles dont on a héritées. Il y a des raisons qui sont à nous et des raisons qui sont aux autres. La nudité est un sentiment personnel et universel. Nous partageons le fait d'être en danger parce qu'incapable de faire unité avec soi, incapable aussi d'être loyal, incapable de protéger ce qui en nous est différent, incomplet, imparfait, insuffisant, fragmentaire, inachevé, dépareillé. Se sentir nu, c'est poser sur soi un regard de trahison, un regard de renégat.

Ce regard sur soi, ce sentiment de nudité que ces deux-là découvrent pour la première fois, nous le connaissons bien. Ce constat que nous portons sur nous-mêmes s'accompagne de paroles, souvent méprisantes, pour mettre à distance ce qui en nous ne nous plaît pas et ne nous convient pas. Si on devait chercher des mots pour illustrer ce regard porté sur soi, ce seraient les paroles prononcées par Pierre au moment où Jésus est arrêté. Ce moment où l'univers se ligue pour que Pierre reconnaisse ce qu'il ne veut pas voir. Alors que Jésus vient d'être amené pour être interrogé, Pierre, inquiet, a suivi de loin. Il attend autour d'un feu, dans la cour devant la maison du Grand Prêtre, entouré de détracteurs potentiels. C'est alors qu'il est interpellé. D'abord par une servante. « Celui-là aussi était avec lui » (Lc 22, 56). Il répond du tac-au-tac :

« Je ne le connais pas » (Lc 22, 57). Puis, un autre qui lui lance « Toi aussi, tu es des leurs » (Lc 22, 58). Il nie : « Je n'en suis pas » (Lc 22, 58). Enfin, une heure plus tard, un troisième revient à la charge. « C'est sûr... celui-là était avec lui » (Lc 22, 59). Pierre persiste : « Je ne sais pas ce que tu veux dire » (Lc 22, 60).

On perçoit la douleur de ces échanges. D'un côté, l'insistance du groupe à reclure quelqu'un dans son appartenance, le fameux « tu es des leurs », qui peut se conjuguer de bien des manières. De l'autre, la tentative désespérée, le refus de Pierre de ne pas admettre l'évidence dangereuse. Il se débat, il nie. Refusant cette nudité, cette amitié dangereuse avec Jésus, il se dissocie. Trahissant son amitié, il trahit Jésus et se trahit également. Devant les sollicitations répétées, il redit son incapacité à faire sienne la réalité : « Je ne le connais pas » ; « Je n'en suis pas » ; « Je ne sais pas ce que tu veux dire ». Ensuite, il se cache pour pleurer, parce que la trahison de soi a un coût.

Ces trois phrases, ces trois répliques prononcées par Pierre, ce sont celles murmurées par Adam au moment où il se découvre et pose sur sa réalité un regard distant de désaveu, regard d'inimité. Adam était unifié, léger, vivant en harmonie. Manger le fruit le projette dans un monde où il est désuni.

Il n'est plus à ses propres yeux « comme il convient », comme il aimerait tant être. Impossible de l'accepter, impossible de le montrer. C'est un choc.

Dès lors, Adam et Ève s'ouvrent à un autre monde, un monde différent, un monde plus complexe. Un monde où ce qu'ils sont ne leur plaît pas, ne les satisfait pas. On peut penser que s'ils s'étaient parlé, s'ils s'en étaient parlé, ils auraient pu utiliser cette connaissance dérangeante que précipitamment ils avaient en commun ; mais ils restent muets. Sans paroles échangées, peut-être ne savent-ils même pas que l'autre aussi se sent nu, qu'il partage la même expérience, le même inconfort. Pour la première fois de leur vie, ils se découvrent nus et cette connaissance les déroute. Au sens premier du terme. Ils sont à un croisement. Que vont-ils faire ? Comment vont-ils réagir ? Qui vont-ils être en face de cette première désillusion, déception, frustration qui les concerne intimement ?

Par là, le chemin des cachettes.

Par ici, une forme d'unité avec soi, provisoire, insatisfaisante, bringuebalante, frêle, modeste, en équilibre provisoire, exigeante en vigilance et en soutien.

Rapidement, la décision est prise.

Ils n'y vont pas.

Ils vont par là.

Ce sera la route la plus facile, la plus simple, la moins compromettante. Ils cachent à eux-mêmes et ils cachent à l'autre ce qui fait leur faiblesse, leur nudité, leur incapacité à s'assumer : « Ils se font des pagnes. » Le terme hébreu est plus proche du mot « ceinture », plus évocateur. Ils se ceinturent, ils décident de ne pas se voir tels qu'ils sont mais de se contenir dans des limites acceptables pour tout le monde. Ils se cousent des pagnes plutôt que d'accepter de faire un, de réunir, de relier toutes les parties d'eux-mêmes. Bien sûr, il est plus simple de confectionner des vêtements que de recoudre en soi ce qui est déchiré. Ce geste de couture intérieure, de raccommodage, serait la meilleure voie à prendre. Mais elle demande un courage que, sur-le-champ, ils n'ont pas. L'option restera toujours possible, demeurera accessible à tout moment de leur vie. Le vêtement cousu reste provisoire. Habillé ou non, il y a toujours moyen de recoudre son existence, de joindre les différentes parties de soi. En se cousant des pagnes, ils choisissent d'être rusés plutôt que de tendre à une forme d'unité avec eux-mêmes. Cette curiosité de la langue hébraïque est connue : les termes « nu » et « rusé », ont la même racine. Le serpent avec qui ils ont discuté est rusé. Les voilà nus. L'histoire continue et ils cachent leur nudité par la ruse du vêtement.

Le vêtement devient le signe explicite qu'il y a bien quelque chose à ne pas montrer de soi. Ou comme Adjani le dit dans la chanson : « mettre des verres fumés / pour montrer tout ce que je veux cacher. » Le vêtement sera donc la première cachette de l'histoire de l'humanité. Il demeurera une planque sûre. Un vêtement est tout sauf un bout de tissu. C'est un cache-nudité. Un artifice. Un masque. Le premier vêtement est en matière végétale. Il sera suivi par d'autres, plus subtils, plus discrets, plus abstraits, plus mondains. Emmanuel Mounier, dans un passage où il pointe les risques qui guettent la personne qui renonce à une forme de lucidité responsable en énumère d'autres :

> Le premier moyen spirituel [...], c'est d'apprendre à être une personne. Il implique immédiatement un travail continu de dépouillement contre tous les obstacles, venus de l'individualité ou de la personnalité, qui paralysent, dévient, dupent l'œuvre de personnalisation : idoles et entraînements du langage, pseudo-sincérités, personnages, bonne conscience, adhésions superficielles, illusions de l'enthousiasme, résistances de l'instinct, persistances de l'habitude[1].

1. Emmanuel MOUNIER, *Œuvres complètes*, tome I, Éd. du Seuil, 1961, p. 339.

Quelques pages plus loin, il ajoute : « Nous ne retrouverons l'espérance qu'après avoir démasqué tous les mensonges[1]. »

1. *Ibid.*, p. 366.

Par ici la visite

Avec cette conscience de n'être pas assez, la visite commence. Pour décrire cette sensation, la Bible parle de honte, sentiment inconnu avant d'avoir mangé le fruit. « Tous deux étaient nus, l'homme et sa femme, sans se faire mutuellement honte » (Gn 2, 25). La honte est un sentiment ambivalent qui, tout en générant un inconfort, provoque aussi une connexion à soi, une prise de conscience de qui on est, que cela nous plaise ou non. Un accès s'ouvre qui rend possible une cartographie un peu plus claire de ce propre paysage intérieur qui jusque-là avait été laissé dans le flou. C'est un accès réel à ce que nous sommes à l'instant T. Voilà l'état des lieux, voilà ce à partir de quoi la vie ici sera possible.

Et elle l'est. Quelle que soit la maison qui est la nôtre. Elle l'est. La vie est toujours reliée à ce qu'on découvre, à ce qu'on rencontre dans l'état où on le rencontre, à ce qui nous arrive. Il n'y a pas de vie en plénitude en dehors de cette inscription dans le concret de nos existences. C'est donc dans cet accès à soi qu'un chemin de liberté est possible. Ce chemin de liberté est un chemin d'humanisation car devenir plus humain consiste à se coltiner ce qu'on découvre de soi au gré des circonstances et des événements et de tenter de faire avec, au mieux. Si la vérité existe, elle débute dans cette conversation, dans ce consentement à se rencontrer comme on est et non comme il serait bien que l'on soit. Vivre cette conversation nécessite d'élargir son espace intérieur, d'aller vers une curiosité courageuse et une grande quantité d'estime de soi pour faire connaissance avec ce que, en soi, nous n'avions jamais rencontré. Mais au même instant, au tout début de la visite, très vite, apparaît une forme d'anxiété, de mal-être, de danger possible ou imminent à reconnaître qui nous sommes. Sentiment qui enjoint de tout refermer, de cacher. De repousser l'heure de vérité. Le vêtement est la solution inventée au plus vite par Adam et d'Ève pour cacher ce qu'ils découvrent et le masquer par une fausse version d'eux-mêmes plus acceptable aux yeux de tous.

Entreprendre un chemin spirituel nécessite de commencer un dialogue, une conversation qui vise à faire connaissance avec soi, dans une proximité qui ne juge ni ne trahit. Il ne s'agit pas d'abord de changer ce qu'on découvre de soi ni d'aller convertir de force ce qui en nous ne correspond pas à l'image que nous en avons. Vouloir rendre la réalité compatible et acceptable par l'usage de la violence, c'est compter que l'on étouffera le feu avec de la paille. Tout cela est de la poudre aux yeux. La tâche la plus ardue est celle qui consiste à s'apprivoiser, à entreprendre une visite au plus près. La vie spirituelle est un chemin d'unification qui se produit à force de consentement à notre réalité personnelle. C'est un chemin de lumière, un chemin initiatique d'inclusion. S'approcher du réel c'est s'approcher de la vérité. Voilà l'événement de conversion, car le réel est la porte d'entrée vers la dimension divine que nous portons en nous.

Ce chemin est fragile. Il s'éloigne chaque fois qu'une injonction à être est prononcée, à chaque demande, ordre ou prière, claire ou implicite d'occulter la réalité que l'on découvre en soi. Demander à quelqu'un de cacher qui il est, c'est lui interdire un chemin de consentement, lui voler la possibilité de s'unifier, le pire étant d'empêcher cette reconnaissance au nom même d'une démarche spirituelle, d'un chemin vers Dieu. Cette aliénation imposée ressemble à un roi qui intervertirait les panneaux indicateurs à un carrefour et qui punirait par la suite les personnes égarées. Comme si les choses n'étaient pas déjà assez compliquées ! Comme s'il n'y avait pas déjà mille raisons de choisir la facilité ! Comme s'il était possible d'aller vers une vie en abondance en s'éloignant du réel. Or le chemin spirituel ne se joue pas dans une finalité à atteindre. Il se déploie dans un comment, dans un geste, dans le fait de déplier avec confiance ce qui nous inquiète et nous déplaît, dans le fait d'accueillir le vulnérable et l'incomplet en nous. En faisant le deuil du super-héros que nous ne sommes pas et que nous ne serons jamais. L'erreur est grossière, c'est une contrefaçon qui éloigne de la vie en prétendant y mener. Le récit des tentations ne raconte que ces mensonges.

Où es-tu ?

Nous avons laissé Adam et Ève déroutés. On ne sait pas combien de temps s'est écoulé entre le choix de cacher la nudité et ce moment où Dieu fait son apparition.

> [8] Or ils entendirent la voix du SEIGNEUR Dieu qui se promenait dans le jardin au souffle du jour. L'homme et la femme se cachèrent devant le SEIGNEUR Dieu au milieu des arbres du jardin. [9] Le SEIGNEUR Dieu appela l'homme et lui dit : « Où es-tu ? » [10] Il répondit : « J'ai entendu ta voix dans le jardin, j'ai pris peur car j'étais nu, et je me suis caché. »

Ce n'est sûrement pas un hasard si Dieu se promène après l'épisode qui vient de se passer. Le texte demeure poétique mais, quand ils entendent la voix de Dieu au souffle du jour, il s'agit bien d'une visite intentionnelle. Tout est là. Il y a la voix de Dieu, il y a le tétragramme, ce nom constitué de quatre lettres qui le désigne dans son intimité, il y a le souffle. Ces éléments annoncent un événement de révélation. Dieu va se rendre visible.

Dans la Bible, Dieu parle, il se fait connaître par sa parole et la parole est portée par la voix qui est le support de la Parole. Sa voix ou celle des autres.

Au début de l'évangile de saint Matthieu, la voix de Dieu se mêle à d'autres voix. Au moment du massacre des saints innocents, en Mt 2, 18, c'est la voix de Rachel, inconsolable : « Une voix dans Rama s'est fait entendre, des pleurs et une longue plainte : c'est Rachel qui pleure ses enfants et ne veut pas être consolée parce qu'ils ne sont plus » (Jr 31, 15). Puis, en Mt 3, 3, c'est celle de Jean le Baptiste qui reprend Isaïe pour réveiller le peuple : « une voix crie dans le désert : préparez le chemin du Seigneur » (Is 40, 3). La troisième est celle de Dieu, au baptême de Jésus, une voix comme un sous-titre qui met en mots ce qui se passe : « Voici qu'une voix venant des cieux disait : "celui-ci est mon Fils bien-aimé, celui qu'il m'a plu de choisir" » (Mt 3, 17). Dans la révélation, les voix se rejoignent pour arriver à exprimer, à mettre en mots, à verbaliser ce qui nous arrive. Dans la Bible, Dieu parle beaucoup ! Il parle par lui-même, il parle par la bouche des autres, il parle notamment au moment des commencements, quand quelque chose démarre. La déroute est un de ces démarrages. Le troisième chapitre de la Genèse est un commencement dans le commencement. Dieu ne peut pas les laisser dans ce silence gêné et ridicule, il faut dire quelque chose.

Si la parole est portée par la voix, la voix est portée par le souffle. Il n'y a pas de voix sans souffle, sans ce moteur, sans cette énergie. En hébreu, le mot *rouah*, qui sert à dire le souffle, est le même qui dit l'esprit. La voix de Dieu se fait entendre au souffle du jour. « Le vent se lève, il faut tenter de vivre » écrivait Paul Valéry. Le propos semble inventé pour la situation. Le souffle se lève, remet la situation en mouvement au moment même où elle vient de se figer, de se cristalliser. Il faut faire vite. Dieu prend la parole.

> 9Le SEIGNEUR Dieu appela l'homme et lui dit : « Où es-tu ? »

Il y a ce que Dieu dit et la façon qu'il a de le faire. Ici, Dieu appelle l'homme. Il ne se contente pas de lui parler. Il l'interpelle avant de lui parler, il l'interpelle pour lui parler. Ce geste, il le fera avec d'autres, Moïse notamment au moment du buisson : « Dieu l'appela du milieu du buisson : "Moïse ! Moïse !" Il dit : "Me voici" » (Ex 3, 4). L'appel est donc une parole particulière qui, dans beaucoup de cas, précède le dire en tant que tel. En hébreu, le verbe « appeler », *kara*, est aussi le verbe qui signifie « nommer ». C'est le verbe employé pour décrire l'action de Dieu au moment où il nomme la lumière jour. Mais le même terme signifie aussi « crier ». Dans la traduction de Chouraqui, on peut lire

« Elohîms crie à la lumière : “Jour” » (Gn 1, 5). Le terme employé ici a donc trois sens : héler, nommer, crier. Héler, c'est faire sortir quelqu'un de sa logique, l'interrompre, le mobiliser, le convoquer à une autre action que ce qu'il fait pour l'heure. Nommer, c'est donner un nom, désigner une réalité de façon personnelle. Crier, c'est parler suffisamment fort pour que le destinataire entende, se retourne. En français, le terme « appeler », vient de *appellare* (adresser la parole), lui-même construit à partir du terme *pellere* (donner une impulsion). Les mots sont des boîtes noires disait Michel Serres. Le terme pour dire « appeler », en hébreu comme en français, raconte qu'une impulsion vient d'entrer en scène, une variation d'intensité, une force est à l'œuvre qui n'y était pas, telle quelle, l'instant d'avant.

Dieu appelle. Cette action pourrait faire partie de sa définition si nous avions la folie d'en chercher une. Dieu appelle et les personnes qui disent entendre un appel de Dieu, qui se sont senties appelées, ne se trompent pas tout à fait. Dieu appelle Adam. Il vient le chercher car il faut absolument agir. Il voit Adam prendre le chemin de la facilité et des faux-semblants. Alors Dieu crie, l'interpelle, le hèle, le convoque à une conversation, le supplie, l'interrompt, le réclame, le percute. Voilà, c'est cela : Dieu cherche à le percuter, il cherche à provoquer un événement bouleversant dans sa vie. L'affaire demande de l'énergie et c'est en partie le rôle de l'énergie divine.

Il l'appelle et il parle. Il verbalise pour que les choses soient le plus claire possible. Dans la version hébraïque de la Bible, il est écrit que « Le SEIGNEUR Dieu appela l'homme et lui dit : "Où es-tu ?" » Mais dans le texte de la Septante, la traduction grecque de la Bible, il est écrit : « Le SEIGNEUR Dieu appela Adam et lui dit : "Adam, où es-tu ?" » La Septante insiste sur l'interpellation singulière. Dieu n'est pas une force impersonnelle. Il l'interpelle parce que la relation de Dieu qui se noue avec un être est unique, personnelle, personnalisante. La relation à Dieu n'est pas normative, elle n'a pas pour but de faire des généralités. Dieu s'en moque. La seule norme qui l'intéresse est celle de la singularité. Par son appel et dans la réponse à cet appel, il est possible de devenir un peu plus soi-même. C'est le caractère exceptionnel, unique de chacun qui est la base de la rencontre. Dieu appelle Adam, par son nom, dans sa singularité. C'est dans cette singularité que l'appel se produit. Il n'y a d'appel que si, ce qui nous est unique et précieux, est rencontré.

L'appel c'est l'inverse des cachettes. Dans les cachettes, on devient un peu plus les autres, la norme, le politiquement correct. On s'éloigne de soi, on s'éloigne de Dieu. Alors Dieu appelle : « Adam, où es-tu ? »

L'appel, en soi, suffirait presque à faire s'interrompre une logique qui se met en place. Si Adam, Ève et nous tous étions réellement là, sensibles, à l'écoute, l'appel suffirait. On entendrait et on comprendrait que la situation débloque, que l'on est sur la mauvaise pente. Que si la cachette est un réflexe de survie, elle ne constitue pas une logique d'humanisation. On ne construit pas sa vie en se planquant. Mais nous manquons de capteurs, notre insensibilité nous rend sourd à l'appel lui-même. Comme nous sommes des êtres de parole, Dieu met en mots l'appel.

Dieu formule son appel, en quelques mots. Un Tweet. Un SMS : « Où es-tu ? »

On peut difficilement faire plus court. La question est banale. C'est celle que l'on pose quand un proche nous appelle : « Où tu es ? » La question n'est jamais géographique. Elle ne vise pas à situer la personne dans ses coordonnées GPS. Demander à quelqu'un : « où tu es ? », c'est lui demander de dire ce qu'il fait, dans quelle partie de son propre emploi du temps il se situe, ce qui lui est déjà arrivé, ce qu'il envisage de faire. À la question posée, la réponse décrit généralement une activité : « Je suis… je vais… ou je viens de… » « Où tu es ? » et la personne raconte sa vie. Cette dimension de la question n'a pas tout à fait échappé aux Pères de l'Église. Origène, dans un commentaire sur Matthieu 10, 14 explique que Dieu sait précisément où Adam se trouve dans le jardin. Ce n'est pas de sa localisation dont on parle, ce n'est pas ce que cherche Dieu en appelant Adam. Alors que cherche-t-il ?

D'abord, il s'agit d'une question. Pas d'une injonction, pas d'une remarque acerbe, pas d'un sous-entendu déplaisant. La question est factuelle. Au moment où Adam et Ève ont revêtu les vêtements, au moment où ils s'avancent sur la voie des cachettes, Dieu les rejoint là où ils sont et entame une conversation. La question sert d'abord à renouer le dialogue, à ne pas les laisser seuls, à être à leur côté, à les empêcher de se refermer ou de s'enfermer à double tour dans leur cache. La conversation est une ouverture, une porte de sortie. Dieu socialise, comme on le fait au quotidien. Une conversation débute ainsi : quelqu'un fait une remarque : « le bus est toujours en retard, il fait frais ce matin » et la conversation s'engage. Dieu aurait pu dire : « ce petit souffle du jour est bien agréable », mais il choisit une autre entrée en matière. Il pose une question. L'intérêt de la question, c'est qu'elle donne la parole.

Qu'est-il donc arrivé ?

Adam se doit de répondre. La question sert la finalité de l'appel qui est de permettre à la personne de se sentir concernée et de répondre personnellement à l'interpellation qui lui est faite.

Cette dimension de la question a été perçue très tôt par les commentateurs. Voici ce que Jean Chrysostome, Père de l'Église du IVe siècle, entend dans l'interpellation :

> Adam, où es-tu ? Oh ! que cette seule question est à la fois pleine de force et de douceur ! C'est comme si Dieu lui eût dit : Qu'est-il donc arrivé ? Je t'avais laissé dans un état, et je te retrouve dans un autre. Je t'avais laissé revêtu de gloire, et je te retrouve dans une honteuse nudité. Adam, où es-tu ? Quelle est donc la cause de ton malheur ? Qui t'a plongé dans cet abîme de maux ? Quel est le scélérat ou le voleur qui t'a enlevé tous tes biens, et qui t'a réduit à cette indigence ? Qui t'a fait connaître la nudité, et qui t'a dépouillé de ce splendide vêtement dont je t'avais revêtu ? Quel changement subit ! Et quelle tempête a soudain englouti toutes tes richesses ? Qu'as-tu donc fait, que tu veuilles éviter celui qui t'a comblé des plus grands bienfaits et qui t'a élevé à tant d'honneur ? Que crains-tu, pour chercher ainsi à te cacher ?

> Est-ce qu'un accusateur te poursuit, et que des témoins te confondent ? Enfin, d'où viennent cette crainte et cette terreur[1] ?

Qu'est-il donc arrivé ? C'est ainsi que Jean Chrysostome dézippe « Où es-tu ? ». Il en extrait une série de questions qui toutes visent à prendre soin d'Adam, à lui demander ce qui s'est passé tout en l'engageant dans un retour réflexif sur sa vie. Ainsi Dieu fait d'Adam un interlocuteur, quelqu'un qui est appelé à être acteur de sa vie. Avec « force et douceur », il invite Adam à comprendre la cause de la honte qui l'étreint, car lui seul est en mesure de sortir des cachettes dans lesquelles lui seul à décider d'entrer. Dieu ne peut rien, Dieu est impuissant. Il parle à Adam pour l'aider à sortir, à raconter, à comprendre.

Qui ? C'est une bonne question. Qui ? La question reviendra, plus tard, au verset 11 : « Qui t'a révélé, dit-il, que tu étais nu ? » Pourtant la question « qui ? », comme « où ? », semble inopportune. Dieu sait où, comme il sait qui, comme il sait quoi et pourquoi. Ce « qui ? » ne vise pas à connaître réellement l'identité de celui qui lui a révélé sa nudité. Dieu ne cherche pas un responsable. La question

---

1. Saint Jean Chrysostome, Homélie XVII dans *Homélies sur la Genèse* (bibliotheque-monastique.ch).

doit permettre à Adam d'identifier la cause de sa honte. En ce sens, « qui ? » est une vraie question, une question sur laquelle s'appuyer. Qui donc est « le scélérat ou le voleur qui t'a enlevé tous tes biens ? » Qui est l'accusateur qui tu poursuis ? Qui est responsable de cette débandade ? Le serpent ? La femme ? Dieu ? Ou bien toi dans la crainte qui t'étreint de te découvrir nu et fragile ? La question est belle, nécessaire, douloureuse. La question est là pour dérouter Adam. Pour lui permettre de vivre avec ce qu'il est, sans rendre responsable de son mal-être la terre entière et Dieu compris. Pour se ressaisir de sa réalité, pour la rencontrer là où elle est. En même temps, il y a dans cette façon de dire « qui ? », toute la peine de Dieu de voir Adam dans cet état.

Adam vaut mieux que cela. Le dialogue imaginé par Jean Chrysostome raconte un des mystères de l'humanité. Dieu repère la dose de douleur, l'intensité de la tempête nécessaire pour conduire quelqu'un à se cacher. Adam mérite mieux. Il est fait pour la gloire, les richesses, la splendeur, les bienfaits, les honneurs. Pas la honte, pas le malheur, pas les maux, pas l'indigence, pas la crainte ni la terreur. En le voyant abîmé, Dieu lui redit quelle est sa destinée, ce dont il a hérité, ce qui est à lui et qu'il ne peut perdre. Pourquoi vivre écartelé dans des cachettes alors qu'il est à l'image de Dieu et que le monde entier est à lui ? Il lui dit : ne t'habitue pas à cette médiocrité, elle ne te ressemble pas. Ne t'habitue pas à l'obscurité, à la dichotomie, à la trahison, à la lâcheté. Ne laisse pas la peur te gagner et ronger ton existence. Ne te rétrécis pas car, ce faisant, tu t'éloignes. Avance, vit, risque, passe du temps avec ce qui est, va te promener à proximité de tes imperfections et prends-les dans tes bras. Fais connaissance avec elles. Passez du temps ensemble. Embrasse, convertis, transmute-les. Rien, tu entends, rien ne réussira à nous séparer. Alors ne te sépare pas de toi-même. Tu peux être quitté, licencié, répudié, exclu, méprisé, abandonné, mis dehors ; ne te quitte pas, ne te quitte pas, ne te quitte pas. Moi je t'offrirai des perles de pluie, venues de pays où il ne pleut pas…

Où en es-tu ?

Un philosophe juif, Martin Buber, a lui aussi perçu l'ampleur et la puissance de ce questionnement. Dans son livre *Le Chemin de l'homme*, il explore le potentiel de cette interpellation :

> Quand Dieu questionne ainsi, ce n'est pas pour que l'homme lui apprenne ce qu'il ne saurait pas encore ; il veut provoquer en l'homme une réaction qui précisément n'est provoquée que par une telle question, à condition qu'elle touche l'homme au cœur, que l'homme se laisse toucher au cœur par elle.
>
> Adam se cache pour n'avoir pas à se justifier, pour échapper à la responsabilité de sa vie. Ainsi se cache chaque homme, car chaque homme est Adam et est dans sa situation. Afin d'échapper à la responsabilité de la vie vécue, l'existence est transformée en machine à cacher. Et c'est en se cachant toujours plus « de la face de Dieu » qu'il s'enlise de plus en plus profondément dans la fausseté. De cette manière surgit une situation qui de jour en jour, de cachette en cachette, devient de plus en plus douteuse. Cette situation se laisse caractériser avec précision : l'homme ne peut échapper à l'œil de Dieu, mais en cherchant à se cacher de Lui, il se cache de lui-même. Certes, il y a bien en lui aussi un quelque chose qui cherche Dieu, mais il empêche de plus en plus ce quelque chose de le trouver. C'est au milieu

de cette situation que tombe la question de Dieu. Elle veut remuer l'homme, elle veut briser sa machine à cacher, elle veut lui montrer où il s'est fourvoyé, elle veut faire naître en lui le grand désir d'en sortir. Tout dépend à présent de savoir si l'homme acceptera de ne pas se dérober à la question…

Mais Buber met en garde le lecteur. La question de Dieu ne doit pas être entendue comme une fausse question, une question qui acterait qu'un choix a été posé et qu'il n'est désormais plus possible de revenir en arrière.

Il est une question démoniaque, une fausse question qui singe la question de Dieu, la question de la vérité. Elle se reconnaît à ce qu'elle ne s'en tient pas au « Où es-tu ? », mais poursuit : « De là où tu t'es fourvoyé, aucun chemin ne peut plus te faire sortir. »[1]

Dans les propos de Buber on retrouve la même intonation, la même réflexion que chez Jean Chrysostome. Dieu interpelle Adam pour provoquer une prise de conscience, un instant de clarté sur ce qu'il met en place dans sa vie. La question de Dieu a une visée :

Elle veut remuer l'homme, elle veut briser sa machine à cacher, elle veut lui montrer où il s'est

1. Martin Buber, *Le chemin de l'homme*, Éditions du Rocher, 1989, p. 12-15.

fourvoyé, elle veut faire naître en lui le grand désir d'en sortir.

Comme celle d'Adam, notre vie peut devenir une machine à cacher, un chemin où nous allons d'abri en abri pour éviter de marcher au grand jour, de rencontrer ce qui nous angoisse et nous fait peur. Pour ne pas laisser le regard de l'autre se poser sur nous. Nous protégeons ce que nous avons à perdre dans l'obscurité, dans un entre-deux avec notre honte qui progressivement devient mortifère. Les automatismes dirigent alors notre existence, ce sont eux qui mènent la danse. Dès lors, la liberté n'est plus possible. La question de Dieu vient réveiller l'homme et « faire naître en lui le grand désir d'en sortir ». Buber a raison. Tout part du désir. De cette impulsion. De cet appel. L'appel de Dieu se traduit en nous par cette impulsion. Quelque chose pousse, veut, tourne vers l'action et les choix à faire. À l'inverse, aller mal c'est ne plus vouloir, ne plus désirer, préférer l'immobilisme à l'action. Dieu appelle Adam et, par contagion, par amour, cherche à lui communiquer l'énergie de vie, de liberté, de singularité.

Il s'agira de sortir, ce qui est toujours l'étape par laquelle on naît à un autre type d'existence. Sortir d'une existence devenue une machine à cacher, c'est sortir d'un enfermement auquel nous avons participé. Dieu arrive et remet en question notre choix de survie. Où es-tu ? Es-tu bien sûr que cette réponse qui a fonctionné jusque-là soit la meilleure ? N'y a-t-il pas moyen d'imaginer d'autres stratégies, d'autres modes de fonctionnement ? Vérifie que tu ne radotes pas, que tu n'es pas en train de dupliquer sans fin et sans vivre ce qui a fonctionné jusque-là, ce que tu as bricolé dans l'urgence. Ce : « Où es-tu ? » est en fait un : « Où en es-tu ? » Où en es-tu de ton chemin d'humanisation ?

Martin Buber pointe également une fausse piste qui guette Adam. Faire le constat qu'il n'est plus possible pour lui de revenir en arrière, de changer de cap et d'inventer une autre voie : « De là où tu t'es fourvoyé, aucun chemin ne peut plus te faire sortir. » Cette perception sur sa vie serait terrible car elle condamnerait l'homme à son passé, à ses obscurités. Elle le condamnerait à se cacher à vie. C'est une peine à perpétuité d'autant plus terrible que c'est la personne elle-même qui se l'inflige. Malgré Dieu, malgré la vie, Adam risque la réclusion à perpétuité. Réclusion dans ses masques, ses déguisements, ses postures, son assurance ou sa timidité, ses costumes, ses fuites dans l'emploi du temps, sa peur du conflit ou son agressivité, ses colères, ses excès ou sa procrastination. Condamné à répéter des stratagèmes élaborés dans l'enfance ou sous la pression, condamné à reproduire ce que les gens attendent de lui, ce qu'il croit que les gens attendent de lui. L'orgueil a sa part dans l'affaire. Changer demande de lâcher ses vieilles crispations. Nous ne sommes définis par aucune de nos cachettes, aucune de nos peurs, aucune de nos angoisses. Le croire est un stratagème supplémentaire pour échapper à la responsabilité de la vie vécue. Dieu dit à Adam que c'est une fausse piste et qu'il est possible de marcher à l'ombre de la mort avec sérénité et confiance, pour peu que l'on soit assuré que notre existence compte telle qu'elle est.

Où es-tu maintenant ?

Cette troisième approche est issue de la tradition zen. Elle est tirée du livre d'Alexandro Jodorowsky : *Le Doigt et la lune*[1]. Ce commentaire n'est connecté ni à la Bible, ni à la tradition judéo-chrétienne. Mais bien que se situant dans un tout autre contexte, il prend en charge la même question, celle qui concerne notre commune existence humaine.

> Le disciple confie au maître :
>
> – Je suis dépassé. Je n'arrête pas d'osciller entre deux états : soit je me noie, soit je flotte. Quand vais-je me libérer de ce monde de souffrance ? Quand serai-je libre ?
>
> Le maître ne répond rien. Au bout de quelques minutes, le disciple surpris intervient à nouveau :
>
> – Maître ! Ne suis-je pas là, assis en face de vous, en train de vous poser une question ?
>
> – Où es-tu maintenant ? demande le maître. En train de flotter ou en train de te noyer ?

Comme souvent dans les histoires de la tradition zen, on ne comprend pas tout, en tout cas pas tout de suite. Ce qu'on comprend bien, c'est l'attitude du disciple qui ressemble à Adam et qui nous

1. Alexandro JODOROWSKY, *Le Doigt et la lune. Histoires zen*, Albin Michel, 1997, p. 125-126.

ressemble. Il souffre, il n'est pas libre, il passe d'un état à un autre, sans avoir l'impression de maîtriser grand-chose. Il va donc voir son maître et il lui demande quoi faire. Le maître ne répond pas, mais quand il prend la parole, il adresse la même question que Dieu à Adam : « Où es-tu maintenant ? »

L'ajout de « maintenant » accentue la question sur le présent. Il ancre le disciple dans l'instant. Le maître lui demande où il est, pour l'heure. Comme si le passé importait peu, l'avenir n'existait pas tout à fait. Comme s'il n'y avait de cachette qu'au présent. Il ramène le disciple là, dans la relation qui est celle qu'il entretient avec son maître. Il lui demande si, à cet instant, il a envie, besoin de se cacher. Alexandro Jodorowsky, commente l'attitude du disciple :

> Il se crée une énorme angoisse pour ne pas entrer dans le présent. C'est pour cette raison que le maître ne lui répond pas. Si son disciple lui confie qu'il est soit en train de flotter, soit en train de se noyer, c'est qu'il n'est pas là, dans l'instant, car dans l'instant, rien ne permet de se noyer ou de flotter. Il n'y a ni océan, ni eau, ni angoisse. C'est la paix[1].

Le maître cherche à faire expérimenter à son disciple ce qu'est une attitude où l'on ne se cache pas.

1. *Ibid.*, p.126.

Chaque présent, chaque moment, chaque instant est neuf et, possiblement, l'occasion d'un nouveau départ. Le maître souhaite que le disciple fasse l'expérience d'un instant, d'un état sans cachette pour qu'il puisse percevoir la qualité de la connaissance qui naît à ce moment. Par son regard sans jugement, le maître lui permet de créer des souvenirs sur lesquels il pourra s'appuyer. Ces interactions où l'on peut exister sans cacher qui on est, sans craindre le regard, sans avoir honte de sa nudité sont précieuses. Nous souhaiterions passer nos vacances dans ce genre d'ambiance. Dieu dit à Adam et nous dit qu'il est possible d'y passer notre vie.

Où es-tu ? Les trois auteurs que nous venons de lire montrent que la question s'adresse à chacun de nous. Elle n'est jamais aussi bien entendue, elle n'a jamais autant de poids que quand elle vient rejoindre la personne dans ses cachettes. C'est alors une main tendue pour vivre au grand jour, pour vivre de lumière.

J'ai pris peur, je me suis caché

Nous avons laissé Adam face à une question redoutable et aimante, une question comme une échelle de secours : « Où es-tu ? » La réponse d'Adam nous arrive à l'instant :

> Le SEIGNEUR Dieu appela l'homme et lui dit : « Où es-tu ? » Il répondit : « J'ai entendu ta voix dans le jardin, j'ai pris peur car j'étais nu, et je me suis caché. »

Adam répond, il sort du bois. Peut-être l'expression vient-elle de là, même si le texte ne dit pas s'il s'avance de derrière les arbres où il se cachait, nu et habillé. À la question de Dieu, il répond la vérité : « J'ai entendu ta voix dans le jardin, j'ai pris peur car j'étais nu, et je me suis caché. »

Adam n'hésite pas à répondre à Dieu en allant au-delà de ses coordonnées GPS. Il entend bien la question au niveau où Dieu la pose. Il fait alors une relecture de ce qui l'a amené à se cacher : « J'ai pris peur car j'étais nu. » La réponse est sincère. Elle est brève. Elle donne à comprendre l'angoisse qui habite Adam. Il dit qu'il a peur. Précédemment, face à son propre regard et au regard d'Ève, il ressentait de la honte. Face à Dieu, c'est la peur.

La honte était le sentiment ressenti devant sa nudité, sa propre imperfection, son incomplétude. Elle concernait le regard porté sur lui-même ainsi que la crainte du regard qu'Ève pouvait poser sur lui. La peur exprimée ici touche une autre dimension de son existence. Il semble craindre le regard de Dieu sur lui. Pas que Dieu le voit nu, puisque Dieu sait à quoi il ressemble. Il se cache de Dieu pour une autre raison. Laquelle ? De quoi Adam a-t-il peur ?

En mangeant le fruit, Adam a fait preuve de liberté. Il a désobéi à la limite posée par Dieu. Cette prise de risque lui a ouvert une existence à distance de Dieu, en dissociation de lui. Avant le fruit, il y avait l'innocence, la fusion, l'unité à Dieu. Dorénavant, il y a une existence personnelle, faite de décisions et de responsabilité. L'échange entre Adam et Dieu qui a lieu ici est le premier de toute la Bible. Peut-être n'était-il pas possible avant cette distance fondatrice. À partir de là, il y a la possibilité d'un « je » et d'un « tu » entre les deux. Ce constat peut expliquer qu'Adam se cache et cherche à cacher, comme les enfants le font parfois à l'adolescence. Sans vraie nécessité, parfois sans enjeu, ils mentent parce que mentir permet de défusionner, de montrer à l'autre qu'on ne lui appartient pas, qu'il n'a pas tous les droits sur nous. Adam se cache pour dire à Dieu que maintenant il existe et qu'aucun retour en arrière ne sera possible. Adam défusionne, il fait sa crise d'adolescence et part se cacher dans les arbres. C'est l'explication la plus sympa, la plus valorisante pour Adam.

L'autre hypothèse est qu'Adam n'assume pas la voie des cachettes qu'il vient de prendre. Dans cette hypothèse, la question n'est pas tant celle d'avoir désobéi à Dieu et d'avoir goûté à sa liberté, que le fait de ne pas être à la hauteur de sa nouvelle vie. Car si Dieu a donné à l'être humain la possibilité d'être libre, il attend de lui, sur ce chemin, qu'il se comporte à l'image de Dieu c'est-à-dire qu'il assume ce qu'il devient, qu'il fasse UN avec les actes qu'il pose, qu'il soit loyal envers la personne qu'il devient. Or cette absence de loyauté, s'il est toujours possible de ne pas la montrer aux autres et de se la cacher à soi-même, apparaît au grand jour dans la relation à Dieu. La relation à Dieu met en lumière toutes nos zones d'ombre, d'obscurité, de détour, de contour, de repli. Il n'y a pas de cachettes possibles face à Dieu.

C'est pourquoi Adam a peur. Car il sait qu'il ne pourra pas raconter d'histoire à Dieu. Il y a une nudité dans la nudité et face à lui, il est nu de chez nu. Une nudité qui, cette fois, ne concerne pas le regard sur ses imperfections mais une nudité qui concerne sa capacité à ne pas se mentir. La distinction entre les deux types de nudité est simple. La première nudité est celle où l'on découvre ses manques : je ne suis pas beau, je ne suis pas gentil, généreux, altruiste, patient... On se le reproche, on se déteste, on se déçoit, on se dé-soi, on se dissocie de soi et on fait tout pour se cacher ce qu'on ne veut pas voir. La seconde est celle où l'on se rend compte de ses cachettes. Des subterfuges mis en place, des mensonges inventés pour survivre, des stratagèmes à la petite semaine pour ne pas faire face à ce qui en nous n'est pas, à nos yeux, joli-joli. La seconde nudité apparaît quand on préfère le mensonge à la déception. Quand la fausseté se met à dominer notre vie, où elle devient le seul chemin acceptable pour survivre aux regards des autres. C'est un mensonge puissant que le mensonge à soi, mensonge qui consiste à affirmer ce que l'on sait faux. Le mensonge se met alors à cacher la nudité. Il sert de vêtement. À cet instant, tout part en vrille. Car pour mieux se cacher, pour mieux mentir, on se retrouve dans des logiques folles, dans des tourbillons de non-sens. La fausseté est érigée en règle, en un système qui, dès lors, fonctionne au service de l'opacité, du cloisonnement, de la dissociation, de la double vie. Système démoniaque. Descente dans des abîmes que l'on peut appeler des enfers puisqu'y est occultée la lumière de Dieu.

Or, aucun mensonge ne tient face à Dieu, aucune ombre ne résiste quand la lumière se fait sur notre existence. C'est donc à cet éclairage qu'Adam veut échapper, il craint la lumière sur sa vie. C'est pourquoi ce récit est associé à ce qu'il a été convenu d'appeler le « péché originel ». Peut-être que contrairement à ce que l'on croit, le péché originel n'est pas l'accès à une liberté qui était voulue par Dieu comme une éventualité humaine. S'il y a une chute, elle est dans le fait de croire que même Dieu est un danger, que sa lumière serait insupportable à nos vies. Elle est dans le fait de ne pas vouloir vivre de sa clarté mais au contraire, se défier de lui. La vraie séparation, la distance n'est pas d'user de sa liberté mais de se cacher de l'amour de Dieu. Cela rappelle les propos de Neslon Mandela, le jour de sa nomination à la présidence de l'Afrique du Sud en 1994[1].

> Notre peur la plus profonde n'est pas que nous ne soyons pas à la hauteur. Notre peur la plus profonde est que nous sommes puissants au-delà de toute limite. C'est notre propre lumière et non pas notre obscurité qui nous effraie le plus. Nous nous posons la question : « Qui suis-je moi, pour être brillant, radieux, talentueux et merveilleux ? » En fait, qui êtes-vous pour ne pas l'être ? Vous êtes nés de la lumière.

1. Le texte du discours est signé par Marianne Williamson.

Vous restreindre et vivre petit ne rend pas service au monde. L'illumination n'est pas de vous rétrécir pour éviter d'insécuriser les autres.

Nous sommes nés pour rendre manifeste la puissance divine qui est en nous. Elle ne se trouve pas seulement chez quelques élus : elle est en chacun de nous, et tandis que nous laissons briller notre propre lumière, nous donnons inconsciemment aux autres la permission de faire de même. En nous libérant de notre propre peur, notre présence libère les autres…

La personne humaine est à l'image de Dieu. Or Dieu est libre mais il est loyal. Refuser d'être à la ressemblance de Dieu est la première faute.

Répondre

Dieu demande à Adam « Où es-tu ? » pour que l'homme réponde. Dans la Bible, les personnages sont confrontés à cette même question. Ils sont appelés, interpellés par Dieu personnellement, singulièrement. Plusieurs d'entre eux, au moment de l'interpellation, répondent : « me voici » (*hineni*). Emmanuel Levinas a montré combien cette attitude révèle une disponibilité radicale. Dire : « me voici » sans connaître le contenu de l'appel, c'est faire preuve d'une grande confiance en Dieu. Quand Dieu appelle Abraham au moment de sacrifier Isaac, il répond : « me voici » (Gn 22, 1) ; quand Dieu l'appelle à nouveau pour retenir son bras (Gn 22, 11) il répond encore « me voici ».

Esaü, Jacob, Joseph, Moïse, Isaïe tous répondent : « me voici ». La réponse est le signe d'une vraie confiance en Dieu.

À la lumière de l'histoire d'Adam, ce « me voici » raconte autre chose. « Me voici » est une façon personnelle et entière de répondre à la question « Où es-tu ? ». En disant « me voici », la personne fait face à la question et y répond avec ce qu'elle est. Aucun des interlocuteurs de Dieu n'est sans défauts. Tous, ici et là, ont des choses à se reprocher. Mais quand Dieu appelle, la question n'est pas de savoir s'ils sont contents d'eux-mêmes ou pas. S'ils s'apprécient ou pas. S'ils se reprochent des choses ou pas. Ils répondent « me voici » car c'est finalement la seule réponse totale à l'appel de Dieu. Répondant ainsi, ils font corps avec leurs défauts et leurs qualités, leurs richesses et leurs manques, leurs réussites et leurs échecs. Avec leur nudité tout autant. Leur nudité est une partie de la réponse. Sinon le « me voici » sera partiel et incomplet. Répondre ainsi suppose autant une grande confiance en Dieu qu'une large acceptation de ce que la personne porte. L'entièreté de la réponse n'est qu'à ce prix. Ces personnes ramassent tout ce qu'elles sont, tout ce qu'elles portent en elles et elles le donnent : « Voici moi. Voici ce que je suis. Vois ce que tu peux faire avec ça, avec moi, mais je réponds avec tout ce que j'ai. Que cela me plaise ou pas. »

Hineni, c'est aussi : « je suis là », au présent. Pas ailleurs dans un rêve, un fantasme ou un idéal de soi. Je suis juste là. J'habite quelques centimètres carrés. Je suis à ma place. Je n'occupe que ma place mais j'occupe toute ma place. Je suis là, me voici, est une façon de dire : « Je suis d'accord pour la rencontre. Elle peut se faire. » On ne rencontre que les gens qui sont vraiment là. Les autres sont introuvables, perdus dans leurs illusions. C'est le problème des cachettes. On ne rencontre pas les gens qui se cachent, on ne se laisse pas rencontrer quand on est caché. La cachette compromet les rencontres. C'est d'ailleurs le but de la cachette, on le sait depuis qu'on est tout petit. On se cache pour ne pas être trouvé, pour ne pas avoir à se donner comme on est et à rencontrer l'autre tel qu'il est. Or nous ne vivons que de rencontres.

La cachette est donc un bon moyen de ne pas être vu, de ne pas se donner à voir car la cachette fonctionne à double entrée. D'un côté, elle permet à la personne qui se cache de ne pas être trouvée. De l'autre, elle empêche de voir les autres et bloque le regard de l'autre sur soi. Cet isolement n'est pas sans conséquences.

Ne plus se voir dans le regard de l'autre

Les cachettes, par définition, sont des lieux d'isolement qui contribuent à se couper du regard de l'autre. Or on connaît l'importance vitale de ce regard. Le regard des autres sur soi a la capacité de donner la vie ou de l'émietter. Qui sommes-nous sans le regard d'autrui ? Dans les moments compliqués de notre existence, le regard sur nous-mêmes peut être terrible, dévastateur. Il n'y a pire juge que nous-mêmes, il n'y a pire situation que d'être confronté au seul tête-à-tête avec soi-même. Nous le savons. La famille, les amis, les proches sont là pour nous sortir des accusations, des faux discours, des illusions dans lesquels nous pouvons nous noyer. Parfois un simple sourire, un regard, un mot suffisent à faire revenir au niveau d'un réel rarement aussi sombre que notre propre jugement accusateur. C'est aussi pourquoi les tribunaux existent, pour mettre de l'objectivité et de l'équilibre dans l'appréciation de la réalité et des actes. Se condamner soi-même, c'est se condamner à se cacher et donc à se rétrécir, à devenir tout petit, pour se faire oublier, pour que personne ne puisse attester du sale individu que nous sommes, pour éviter de décevoir. Être sans regard sur soi, c'est se condamner à vivre à perpétuité avec le syndrome de l'imposteur que nous portons en nous. Il n'y a pire condamnation que la condamnation que l'on porte à soi-même.

Ces attitudes prennent des proportions majeures quand il s'agit de Dieu. Quand Adam se cache de Dieu, il se coupe du regard de Dieu sur lui, il empêche que se pose sur lui un regard tellement large et tellement profond qu'il rend ridicule sa propre petitesse. Dans la Bible, il arrive que les personnes rencontrent Dieu par la qualité du regard posé sur elles. C'est en faisant l'expérience d'un regard aimant sur elles-mêmes qu'elles prennent conscience de la dimension divine de ce regard. À plusieurs reprises, des personnes reconnaissent qui est Jésus à la façon dont elles se sentent reconnues par lui. C'est le cas de Marie Madeleine au tombeau qui reconnaît Jésus à la façon dont elle se sait reconnue. Ou de la Samaritaine qui découvre que Jésus est quelqu'un de particulier à la façon dont elle se sent découverte par lui. À quoi voit-on qu'un regard est divin ? À quoi sait-on que ce regard vient tirer la personne de l'impasse dans laquelle elle s'est mise ? À la liberté intérieure que le regard génère. Un des fruits de la rencontre est la liberté intérieure générée chez la personne. Dans la rencontre, les personnes ont accès à une qualité de leur être insoupçonné et devenu accessible par le regard de l'autre. La liberté et la profondeur du regard posé sur une personne lui permettent d'accéder à sa liberté et à sa profondeur. C'est à ce qu'elle découvre d'elle-même qu'elle reconnaît qui est celui ou celle qui lui fait face. Nous avons besoin de reconnaître à l'extérieur ce que nous portons en nous. Or, la personne qui se cache de Dieu se coupe du potentiel que le regard divin révèle d'elle.

Ce constat simple se retrouve dans une des bénédictions les plus connues de la Bible :

> Que le SEIGNEUR te bénisse et te garde ! Que le SEIGNEUR fasse rayonner sur toi son regard et t'accorde sa grâce ! Que le SEIGNEUR porte sur toi son regard et te donne la paix (Nb 6, 24-26).

Cette bénédiction exprime le souhait que la personne vive du regard de Dieu sur elle, qu'elle puisse se voir comme Dieu la voit. Ce regard est générateur de paix, car il n'y a en lui ni comparaison, ni jugement, ni division. La puissance de Dieu a la capacité de tirer quiconque des ornières dans lesquelles il s'est embourbé. La grande nouvelle, c'est que cette délivrance ne se fait pas par la force, la menace, la violence. Elle se fait par une réinitialisation à l'image de Dieu que nous portons. Elle se produit quand nous reconnaissons qui nous sommes vraiment. Qui d'autre que Dieu peut nous aider à réinitialiser en nous sa propre présence ?

Ce constat est une invitation à la prudence en matière de jugements portés sur les autres car ces jugements risquent de faire obstacle au regard de Dieu sur la personne. Le danger est de se substituer au regard de Dieu sans en avoir ni la profondeur, ni la connaissance, ni la grandeur. Non seulement ces jugements peuvent contribuer à dégrader la conception de Dieu qu'a la personne et l'inciter à se cacher un peu plus mais, plus grave encore, ils peuvent faire obstacle à la perception de ce qu'est le regard de Dieu sur soi. Jésus met en garde ses disciples sur l'obstruction à Dieu. « Quiconque entraîne la chute d'un seul de ces petits qui croient en moi, il est préférable pour lui qu'on lui attache au cou une grosse meule et qu'on le précipite dans l'abîme de la mer. Malheureux le monde qui cause tant de chutes ! Certes, il est nécessaire qu'il y en ait, mais malheureux l'homme par qui la chute arrive ! » (Mt 18, 6-9).

De quelle chute est-il question ? Ce terme, la tradition l'utilise à propos de Genèse 3. Pour nous, ce terme est associé au moment où Adam se renie lui-même et préfère le mensonge plutôt que d'assumer, devant Dieu, la dimension de fragilité et d'incertitude de sa vie. Jésus met en garde ses disciples sur le risque de provoquer des chutes. Il leur demande de ne pas pousser la personne à avoir un regard dégradé sur elle-même, de ne pas lui laisser croire que ce qu'elle est n'est pas dans le plan de Dieu. De ne pas lui donner une raison supplémentaire de se trahir, alors qu'il y en a déjà tant dans son cœur. Le conseil est adressé aux disciples à propos des petits, des personnes particulièrement nues, particulièrement sensibles à leur nudité. C'est ce regard qui manque à Pierre quand il se retrouve seul face à sa trahison, au moment de l'arrestation de Jésus. C'est ce regard que Jésus donnera sur la croix à son dernier compagnon de route.

Voilà le problème des cachettes. Voilà pourquoi Dieu appelle, appelle, appelle. Adam et Ève sont au début de leur chemin de vie, au début de leur chemin de loyauté. Rien n'est perdu. Mais si l'appel est clair, la réponse d'Adam nous laisse sur notre faim.

> Le SEIGNEUR Dieu appela l'homme et lui dit : « Où es-tu ? »
> Il répondit : « J'ai entendu ta voix dans le jardin, j'ai pris peur car j'étais nu, et je me suis caché. » « Qui t'a révélé, dit-il, que tu étais nu ? Est-ce que tu as mangé de l'arbre dont je t'avais prescrit de ne pas manger ? »
> L'homme répondit : « La femme que tu as mise auprès de moi, c'est elle qui m'a donné du fruit de l'arbre, et j'en ai mangé. »

13Le SEIGNEUR Dieu dit à la femme : « Qu'as-tu fait là ? » La femme répondit : « Le serpent m'a trompée et j'ai mangé. »

Adam et Ève répondent à Dieu mais le texte ne dit pas qu'ils sortent de leur cachette. La suite suggère qu'ils n'en sont, en effet, peut-être pas sortis. La conversation montrera la difficulté qui est la leur à se monter nus et à accepter d'être à l'image de Dieu, à travailler à la ressemblance. Au lieu de prendre ses responsabilités dans ce qui vient de se passer, au lieu d'assumer sa quête de liberté, Adam rejette la faute sur Ève qui, elle, la rejette sur le serpent. Dieu n'aura pas d'autre choix que de jeter Adam et Ève dehors, de les expulser de leurs cachettes faciles où ils pourraient passer leur vie. Dieu les met au large. Il leur donne une chance de vivre. Ailleurs, autrement.

Réponses

La visite se termine bientôt. Il reste à envisager des nouvelles façons de faire face à sa propre nudité. Car celle-ci est incontournable. Être humain, le devenir un peu plus, c'est être nu et apprendre à vivre avec. Être humain, c'est être nu et s'humaniser dans ce rapport à ce qui est, en nous, le plus dérangeant et sur quoi nous n'avons pas de prise. Quand nous croyons que cela nous gâche la vie et nous disqualifie aux yeux des autres, la question de Dieu remet de la clarté. Ce n'est pas notre nudité le problème, mais ce que nous en faisons. « Où es-tu ? » est la question d'une vie. La réponse personnelle à cette question dira, mieux que tout le reste, qui nous avons été.

Quelques heures avant sa mort, Jésus est exposé devant les grands prêtres et la foule par Pilate qui le présente sobrement (Jean 19, 5). « Voilà l'homme. » *Ecce homo*. Jésus est alors déguisé, affublé d'un manteau pourpre et d'une couronne par des soldats romains qui cherchent à se moquer de lui. Ces vêtements qui pourraient cacher la vulnérabilité dans laquelle il est, à la merci des outrages et de la mort, ne font que la mettre en valeur. À cet instant,

Jésus est vraiment nu car il n'a plus rien à défendre, il n'a plus rien à contrôler, il n'a plus grand-chose à perdre. La moquerie des soldats a mis en avant la pauvreté de cet homme dont on doit constater que la vie n'a pas coché les cases de la réussite : pas de parents dans la norme, pas d'enfant, pas de carrière, pas de conjoint, pas de poste bien placé dans une organisation reconnue, pas de corps de rêve, pas de plan de carrière, pas de reconnaissance unanime de ce qu'il a créé, pas de QI exceptionnel, pas de successeurs brillants, pas d'exploit sportif, pas de santé à toute épreuve, pas de salaire à plusieurs chiffres, pas de pratique religieuse très rigoureuse, pas de voyage à l'étranger (ou presque), pas d'avenir, pas de mort dans la dignité. Sous son déguisement, Jésus arrive nu devant Pilate qui pourtant le présente comme l'incarnation de l'humain. « Voilà l'homme » ; comme si enfin, on l'avait trouvé, comme si enfin on avait la réponse à la question posée par Dieu : « Adam, où es-tu ? »

Jésus est un Adam qui aurait choisi de ne pas cacher sa nudité, de ne pas avancer masqué. La tradition chrétienne l'envisage ainsi : Jésus est le nouvel Adam. Un Adam qui aurait rencontré son existence et aurait tenté d'y répondre. Sans se prendre au sérieux, sans chercher à faire croire aux autres des choses sur lui-même, sans chercher à paraître et à faire semblant. Page après page, rencontre après rencontre, Jésus fait ce qu'il peut. Il invente une façon neuve et personnelle de faire face aux déceptions qu'il vit. Jésus est le nouvel Adam car il répond à la question « Où es-tu ? ». Il n'y répond pas en faisant des grands discours sur l'existence. Il y répond par son existence. Par sa capacité à être au plus près de sa nudité et de celle des autres sans en faire un drame, un enjeu, une comparaison, une bataille à perdre ou à gagner, une identité à défendre. Il répond à la question « Où es-tu ? » en étant là, proche du réel tel qu'il est. Il ne fuit pas au moment de sa mort car il n'a pas fui au moment de sa vie. Il ne s'échappe pas, il ne dit pas « ma porte est toujours ouverte » alors que la pièce est vide. Il ne laisse pas croire qu'il est disponible alors qu'il ne l'est pas. La façon d'être au monde de Jésus est un « me voici » adressé à la vie. Or la vie interpelle. Alors qu'Adam se cache, cherche des raisons puis des coupables, Jésus reste là à faire face aux événements qui constituent son existence. À la loyale.

En demandant à l'homme « Où es-tu ? », Dieu n'attend pas d'explications, d'excuses, de raisons singulières. Il n'attend pas qu'Adam lui donne les raisons de sa nudité. Ce qui intéresse Dieu, c'est ce que maintenant Adam va faire. Dieu attend que la personne réponde par sa vie à cette question fondamentale qui concerne son existence. Il ne s'agit pas de la réponse d'un élève à son professeur, d'un enfant à son parent, d'un employé à son employeur. C'est une conversation d'adulte à adulte. Il n'y a pas de bonne réponse. Il n'y en a pas de mauvaise. Il y a une façon personnelle et unique de participer à la vie telle qu'elle est. Il y a une façon d'être loyal et une autre de biaiser.

D'une certaine manière, le problème d'Adam est d'avoir désiré être libre sans avoir voulu vivre les découvertes sur la vie que cette liberté lui offrait. Il a été léger et inconséquent, il s'est retrouvé misérable, ne l'a pas supporté, il est allé de cachette en cachette, en mettant la faute sur les épaules d'Ève qui a agi de même avec le serpent. Il aurait pu faire de sa nudité un chemin de vie, un chemin de rencontre. Il aurait pu dire à Ève combien, tout nu, il se sentait ridicule. L'était-il ? Elle lui aurait dit qu'elle aussi elle était nue et que ce sentiment de nudité lui faisait bizarre. L'était-elle ? Ils auraient pu créer un monde où chacun avait la possibilité de se trouver étrange et décalé et où personne n'en aurait fait un drame. Ils auraient pu s'accepter ridicule et bizarre mais heureux d'avoir tenté une aventure risquée ensemble, fiers d'être un peu plus au clair sur eux-mêmes, fiers d'être adultes face à

Dieu. Contents même de lui dire ce qu'ils avaient découvert, contents d'inventer avec lui une façon d'être à son image en étant ridicules et bizarres, décalés. Ne pouvant pas être parfaits, ils auraient pu tenter d'être complets, parce qu'ils auraient fait corps avec leurs déceptions, qu'ils auraient recousu en eux leurs déchirures. Chacun aurait alors tenté de vivre avec ce qu'il était, aurait aidé les autres à faire de même, chacun aurait agi avec un style qui lui ressemblerait.

Adam se cache car il pense que sa déchirure intérieure est une impasse, qu'aucun chemin ne peut en sortir. Jésus entend la question et y répond de façon neuve. Sa réponse est un chemin accessible à chacun. La proposition n'est pas religieuse. C'est un chemin de vie, une façon d'être. L'existence devient un chemin d'incarnation qui consiste à faire corps, à prendre sa vie à bras-le-corps, c'est-à-dire à faire avec, et à faire aussi avec sa nudité, à vivre et à créer son histoire à partir de là. Le rapport à la nudité devient le lieu de construction de la liberté. C'est un renversement radical. C'est peut-être là que se joue la foi chrétienne, dans le fait que la nudité devienne une chance, une occasion inespérée, une voie authentique pour accéder à cette liberté intérieure si difficile à atteindre. Car la nudité qui est la nôtre, si elle est approchée, nous rend plus proche de ce qui est en nous unique et sans défense. La nudité est toujours le lieu où l'on diffère, où quelque chose cloche qui ne semble pas clocher chez les autres, où l'on ne se sent pas protégé par le groupe, où l'on se perçoit si différent des autres. Au sens strict, ce qui nous stigmatise et nous dénonce. La nudité nous singularise, nous rend uniques, d'une unicité sur laquelle nous n'avons pas de prise, qui nous dérange. Vouloir fièrement la revendiquer serait une impasse de plus, une cachette supplémentaire.

Le chemin chrétien est un appel à faire face avec ce qui en nous nous terrifie, faire face sans se trahir, sans se mentir, sans déloyauté, sans chercher à être le voisin. La liberté intérieure est le fruit de ce face-à-face. Adam et Ève ont choisi d'être à l'image de Dieu en étant libres. Cette liberté s'accompagne d'une séparation qui met dès lors toute personne dans un face-à-face avec la nudité, avec les événements du monde, avec l'autre, avec Dieu. Dès lors, le chemin des cachettes n'est qu'une embrouille, une voie biaisée et sans issue, une façon de perdre du temps, de ne pas prendre la vie à bras-le-corps.

Visiter nos cachettes, c'est donc mesurer ce qui nous sépare encore de la liberté intérieure à laquelle nous sommes promis. C'est cartographier les lieux où, pour l'instant, nous ne sommes pas capables de participer à notre vie, d'en devenir un acteur véritable. C'est aussi repérer que fuir est épuisant et que tant que l'on se cache, on ne se rencontre pas vraiment. C'est envisager la possibilité de voir la vie sous un autre angle.

Poursuivre la nudité

Dès le début, nous avons pointé combien la nudité était liée à la possibilité de perdre quelque chose de soi. La question de la perte est bien centrale. C'est à partir d'elle que le philosophe Emmanuel Mounier réinterroge ce qui se joue dans le devenir d'une personne.

« L'épanouissement de la personne implique comme une condition intérieure une désappropriation de soi et de ses biens qui dépolarise l'égocentrisme. La personne ne se trouve qu'en se perdant. Sa richesse, c'est ce qui lui reste quand elle est dépouillée de tout avoir – ce qui lui reste à l'heure de sa mort[1]. »

Par ces propos, le philosophe met à jour un piège possible, celui de penser se libérer de ses cachettes en obtenant ce qui nous manque. Comme si l'épanouissement personnel passait par le fait d'acquérir l'absent, un objet de marque ou un talent, une compétence supplémentaire ou un titre à montrer. Emmanuel Mounier souligne que chercher à acquérir ce qui nous manque n'est au fond ni le sujet, ni le remède. Croire qu'il faudrait obtenir

1. Emmanuel Mounier, *Le personnalisme*, PUF, 2010, p. 60.

quelque chose pour oser sortir de sa cachette, ce serait confondre la cause qui fait y rentrer et le remède qui permet d'en sortir.

Au contraire, nous dit-il, c'est en se désappropriant que la personne peut se trouver et rencontrer les autres. Si Adam et Ève ont eu besoin de se vêtir en se percevant nus, l'un devant l'autre, c'est qu'ils avaient encore beaucoup d'illusions à protéger. À l'inverse, le philosophe invite à percevoir la nudité et la désappropriation comme une voie de sortie.

Se cacher pour protéger ce que nous jugeons comme une infirmité, alors qu'objectivement nous ne sommes menacés ni personnellement ni socialement, c'est ne pas être au clair avec soi-même. C'est encore avoir trop de biens à défendre, trop de choses à prouver, trop d'ego dont il faut prendre soin. On peut posséder beaucoup de richesses matérielles ou spirituelles. Ce qui fait problème est la nécessité de se cacher pour le faire. La cachette étant l'indice d'un problème non résolu et d'un chemin de liberté entravé.

Pour se dégager, Emmanuel Mounier propose donc de poursuivre la nudité commencée : la même qui nous a fait rentrer peut devenir celle qui nous en fait sortir. Non pas pour se retrouver dépouillé de tout, mais pour expérimenter que ce que l'on protège n'est pas à nous. Et pourquoi ce que l'on cache désespérément ne nous appartiendrait-il pas ? Parce que si nous la possédions vraiment nous n'aurions pas peur de la perdre. Rentrer dans une cachette c'est reconnaître qu'il y a une part de notre identité que nous avons des difficultés à défendre au grand jour. Soit parce que nous n'avons pas complètement fait corps avec ce qui nous gêne et qu'il nous faut encore un peu de temps pour sympathiser avec, car la loyauté demande du temps. Soit parce que ce que nous essayons de défendre sont des convictions qui appartiennent à notre famille ou à nos groupes d'appartenance mais ne sont pas à nous. Nous n'arrivons pas à les montrer au grand jour car, au fond, nous n'y adhérons pas. Cette posture en porte-à-faux génère une tension compliquée à vivre. Visiter ses cachettes, c'est l'occasion d'explorer ce qui est à nous et qu'il faut accepter et ce qui n'est pas à nous et qu'il nous faut quitter.

La cachette est donc possiblement le lieu idéal, l'écrin où je peux opérer cette mue, accepter de me dépouiller et de faire UN. La cachette est alors l'occasion de renouer avec la promesse de liberté qui nous concerne, l'occasion de s'approcher de l'image de Dieu qui existe en chacun mais qui est voilé dans la cachette.

Construire des communautés au service de la liberté intérieure

Jusque-là, la visite des cachettes a été un exercice personnel, un chemin solitaire. Pourtant, se cacher comporte aussi une dimension sociale et collective. Chaque organisation connaît des situations et des sujets qui incitent ses membres à se cacher plutôt qu'à faire face. En ce sens, les cachettes sont aussi une activité de groupe, elles relèvent d'une responsabilité qui dépasse le sujet lui-même. Le questionnement est pluriel. Comment s'aider mutuellement à grandir sans être prisonnier de cachettes qui gâchent la vie ? Comment éduquer pour permettre à un enfant de transformer sa nudité en chemin de liberté et de responsabilité ? Comment créer des communautés qui ne poussent pas les personnes à se dissocier pour y survivre et y demeurer ?

Le chemin des cachettes guette chaque communauté, chaque famille, chaque organisation. Il se reconnaît par cette facilité à construire des recoins qui cachent plutôt que des processus qui protègent. Il suffit de regarder l'architecture des anciennes maisons bourgeoises pour comprendre ces mécanismes. Sur la façade de ces bâtiments, il est aisé de constater que les fenêtres du dernier étage, celles des domestiques, sont plus petites que les autres. Cet étage est séparé de ceux occupés par les propriétaires par une corniche. Il s'agit d'un bandeau en surplomb qui empêche les passants dans la rue de voir les fenêtres plus petites en haut des immeubles. Le but est clair : ne pas gâcher ou compromettre la beauté de l'immeuble par la vue d'une réalité sociale différente. Ce détail architectural est un révélateur de nos pratiques sociales. Beaucoup de nos organisations sont à corniches, elles développent des stratégies pour ne pas montrer la nudité de la réalité.

Ce constat fait écho à ce que le théologien Dietrich Bonhoeffer écrit concernant les communautés chrétiennes. Dans un livre intitulé *De la vie communautaire*, il affirme qu'une communauté qui se veut pieuse est nécessairement une communauté basée sur le mensonge.

« Pour que Dieu puisse nous faire connaître la communauté chrétienne authentique, il faut même que nous soyons déçus, déçus par les autres, déçus par nous-mêmes. Dans sa grâce, Dieu ne nous permet pas de vivre, ne serait-ce que quelques semaines, dans l'Église de nos rêves, dans cette atmosphère d'expériences bienfaisantes et d'exaltation pieuse qui nous enivre. Car Dieu n'est pas un

Dieu d'émotions sentimentales, mais un Dieu de vérité[1]. »

Par ces propos, Bonhoeffer clarifie deux points. Le premier, original, inattendu, est que la déception peut devenir un lieu de construction du vivre-ensemble. Selon ses propos, un avenir constructif se joue pour le groupe au moment où on est déçu par soi, déçu par l'autre, déçu les uns par les autres. Car la déception met à jour le constat que l'organisation ne pourra pas se construire seulement sur l'admiration de la perfection. L'autre n'est pas admiré pour les qualités qu'il a, mais il est respecté parce qu'il est nu autant que moi et à l'image de Dieu, autant que moi. Dans cette perspective, l'admiration ne concernera pas ce que l'on voit d'impeccable chez l'autre mais plutôt sa capacité à faire avec sa nudité. La communauté naît le jour où, déçus, ses membres sont capables de repenser leur vie commune pour aider chacun à faire de sa nudité un chemin de liberté.

Le second concerne la place de la vérité. Toute communauté risque de se construire sur une illusion, un fantasme collectif, où chacun croit et fait croire aux autres que la réalité correspond point par

1. Dietrich Bonhoeffer, *De la vie communautaire*, Cerf, 1983, p. 21-22.

point à l'idéal annoncé ou recherché. On confond alors émotion et vérité, apparence et réalité. Certains moments communautaires peuvent donner l'illusion que la nudité est une réalité connue, acceptée, que la personne est reconnue, telle qu'elle est dans sa fragilité. Pour autant, ce n'est pas le cas. L'illusion collective, le poids de la bien-pensance empêche de travailler sur les écarts entre ce qui est et la promesse dont chaque humain est porteur. Malgré les discours, la nudité est tue, invisible, immorale, inimaginable, terrorisant chacun. Dans ce déni, la personne n'a alors pas d'espace, intellectuel et psychologique, pour faire de sa nudité un chemin de liberté. La cachette devient alors le seul refuge pour demeurer comme membre à part entière du groupe, à égale dignité avec chacun. La personne sera contrainte, pour survivre, de se mentir, de mentir et de singer la vérité. À l'inverse une communauté au service de la liberté intérieure sera constituée de réels espaces de parole, de pluralité, de divergences, de contradictions, d'ouverture d'esprit et de respect.

Se cacher en Dieu

La Bible mentionne un dernier type de cachette. Celle qui se trouve en Dieu. On en découvre l'existence dans les Psaumes. « Car il me dissimule dans son abri au jour du malheur ; il me cache au secret de sa tente, il m'élève sur le rocher » (Ps 27, 5). Ou ailleurs : « Car tu es pour moi un refuge, un bastion face à l'ennemi. Je voudrais être reçu sous ta tente pour des siècles, et m'y réfugier, caché sous tes ailes » (Ps 61, 5). La Bible raconte que Dieu peut se révéler une bonne cachette, un refuge pour se protéger de l'ennemi ou pour reprendre force en cas de détresse. L'idée de se cacher en Dieu se retrouve également dans le Nouveau Testament, dans l'épître aux Colossiens 3, 3 : « Vous êtes morts, en effet, et votre vie est cachée avec le Christ, en Dieu. »

Comment comprendre cette proposition étrange selon laquelle notre vie est cachée avec le Christ en Dieu. Cette phrase apparaît dans un contexte où il est question de retrouver ce que le jargon biblique nomme « l'homme nouveau ». « Plus de mensonge entre vous, car vous vous êtes dépouillés du vieil homme, avec ses pratiques, et vous avez revêtu l'homme nouveau, celui qui, pour accéder à la connaissance, ne cesse d'être renouvelé à l'image de son créateur ; là, il n'y a plus Grec et Juif, circoncis et incirconcis, barbare, Scythe, esclave, homme libre, mais Christ : il est tout et en tous. » À la fin de la visite, ces quelques lignes interpellent. Après la visite des cachettes, l'identité de ce vieil homme ne nous est pas inconnue. Le vieil homme, c'est celui qui se cache car il ne sait pas faire avec son inconfort. C'est lui qui, gêné par ce qu'il est, préfère se trahir et s'éloigner. À l'inverse, l'homme nouveau est celui qui se défait de sa fausse personnalité pour retrouver « l'image de son créateur ». Ce niveau d'être, ce niveau de conscience, c'est ce que Paul appelle le Christ, réalité dans laquelle il est possible d'exister. Être caché en Christ, c'est découvrir la nudité comme un chemin de vie. Le théologien Thomas Merton reformule cette réalité :

« En tout cas, la « mort du vieil homme » n'est pas la destruction de la personnalité, mais la dissipation d'une illusion, et la découverte de l'homme nouveau est la prise de conscience de ce qui avait toujours été là, tout au moins comme possibilité fondamentale, en raison du fait que l'homme est image de Dieu[1]. »

1. Thomas MERTON, *Zen, Tao et Nirvâna*, Fayard, 1970, p. 124.

La visite touche à sa fin. Le circuit des cachettes peut être long et escarpé mais la tradition biblique, la tradition chrétienne témoignent que les cachettes sont des lieux possibles de naissance, des matrices où il est enfin possible de se débarrasser du vieil Adam qui sommeille en nous, nous tirent vers le bas, nous font passer pour un imposteur, un incapable, une erreur. Les cachettes sont des lieux où il est possible de naître à un autre niveau de conscience pour peu que la nudité y soit accueillie, prise au sérieux, faite chair et qu'elle serve de terreau à une personne singulière, créative, christique.

Merci d'avoir pris part à la visite.

Par ici la sortie…

Remerciement

Ce livre est le fruit d'une retraite avec la Communion Béthanie, communion de personnes homosensibles et transgenres. Un grand merci à Jean-Michel Dunand et à tout le Conseil pour leur invitation. Cela fut un honneur de vivre et de partager ces moments avec vous. La Parole grandit avec ceux qui la lisent. Merci pour ce que vos vies rajoutent au sens.

Table des matières

Composition : Graphic Hainaut

Achevé d'imprimer
sur les presses de la Nouvelle Imprimerie Laballery
58500 Clamecy

N° d'impression : 310417
Achevé dimprimer : octobre 2023
Dépôt légal : septembre 2023

Imprimé en France